ITコンサル1000人に
AIでラクになる仕事きいてみた

谷岡悟一

CROSSMEDIA PUBLISHING

はじめに

　本書は、コンサルティングファーム「ノースサンド」の**1,000人のコンサルタント集団の知恵と経験を結集した**AI活用ガイドです。

「AIを使ってみたいけど、何ができるのかよくわからない」
「難しい設定や専門知識が必要そう」
「ちょっと遊んでみたけど、実用レベルではないと思う」

　そう感じていませんか。
　ですが、今ビジネスにAIを使わないのはもったいない！
　そんな思いからこの本を作りました。

　本書では、**ビジネス契約なしに個人でもすぐに始められるAI活用術**を紹介します。業界、職種を問わず、ビジネスパーソンの仕事に役立つ内容を目指しました。
　リサーチ、アイデア発想、戦略立案、顧客への提案、組織開発・人材マネジメント、自己啓発……。さまざまな場面でAIは活用できます。これまでは長い時間がかかる、一人で行うことが難しい、クリエイティビティが求められる、知識や訓練が必要、そんな業務もAIに任せればたった数十秒で完了します。
　AIは、あなたの思考や提案の質を高めるための強力なパートナーになりうる存在です。ですが、その力を十分に引き出すためには、AIへの指示文である「**プロンプト**」を工夫する必要があります。そのために、私たちコンサルタントの得意分野「**論理的思考**」が役立ちます。

本書の3つの特徴

①AIのスマートな使い方

効率化だけでなく、思考の深化、アイデアの創出など、ビジネスの質を高めるためのAI活用術をまとめました。

②今すぐ使えるプロンプト

本書の特典として、ビジネスシーンで使えるプロンプトを巻末のQRコードからご利用頂けます。本書を読みながら、実際にAIを動かしてみましょう。

③AI×ビジネスフレームワーク

AIとビジネスフレームワークを掛け合わせると、AIの回答のクオリティが段違いに変わります。しかもコンサルタントはフレームワークをただ活用するだけではありません。フレームワークをカスタマイズします。そんなワンランク上のAI活用術をご紹介します。

本書は、AIを活用できるコンサルタントの思考を身に着けられることを目指して作っています。紹介されているプロンプトにご自身の業界や業務をぜひ当てはめてみてください。

はじめに 2

CHAPTER 1 とりあえずAIの すごさを知ってみる

- 1 AIを使う前に知っておきたいこと 10
- 2 「筋のいい」プロンプトの作り方 14
- 3 AIを使いこなすための10のTIPS 18
- 4 AIを使う上での注意点 23

本書の使い方 27

CHAPTER 2 AIにリサーチを 手伝ってもらう

- 1 PEST分析でマクロな変化を把握する 30

2 ファイブフォース分析で
業界の競争構造を分析する …… 35

3 VRIO分析で自社の競争優位性を分析する …… 42

4 SWOT分析で自社の強みと弱みを分析する …… 48

5 ヒット商品からペルソナを特定する …… 53

6 共感マップで深くペルソナを理解する …… 60

CHAPTER 3 AIにアイデア出しを手伝ってもらう

1 多様な属性のペルソナに
アイデアを出してもらう …… 66

2 オズボーンのチェックリストで、
リソースを活かしたアイデアを考える …… 73

3 リフレーミングで認知バイアスを乗り越える …… 78

4 ゲーミフィケーションで
既存のサービスを作り変える …… 84

5 制約を活かしてアイデアを出す …… 90

6 アイデアを形にする …… 94

7 アイデアを評価する …… 99

AIを戦略立案に活用する

1. マンダラチャートで目標までのルートを考える ……… 106
2. アンゾフの成長マトリクスで成長戦略を考える ……… 112
3. AIDMAでコミュニケーション戦略を考える … 117
4. AARRRを使って、収益化を考える ……… 123
5. SMARTのフレームワークで目標設定の質を高める ……… 128

AIを顧客への提案に活用する

1. セグメントとペルソナを特定する ……… 134
2. 顧客へのアプローチを考える ……… 140
3. メールを作成する ……… 146
4. 商談の準備をする ……… 153
5. 提案スライドを作成する ……… 159

CHAPTER 6 AIをチームビルディングに活用する

1. チームの理念を作る ……………………………… 166
2. 会議のアジェンダと議事録を作る ……………… 175
3. 社内イベントのアイデアを考える ……………… 181
4. 部下との関わり方について相談する …………… 187
5. 1on1のアイデアを考える ………………………… 191

CHAPTER 7 AIを自己啓発に活用する

1. 外国語のパーソナルレッスンを受ける ………… 198
2. ディベートで論理的思考を鍛える ……………… 203
3. 歴史を学び、今に活かす ………………………… 212
4. カウンセリングを受ける ………………………… 219
5. AIに自己分析をしてもらう ……………………… 223

おわりに ………………………………………………… 228

監修協力：剱持英雄、米家信行、和久利智丈

CHAPTER 1

とりあえずAIのすごさを知ってみる

AIはとても優秀ですが、的確な指示がなければ何もできません。どれくらい「いい感じの指示≒プロンプト」を出せるか。こちらの問いかけ次第で大化けします。まずはその基礎知識をおさえておきましょう。

1 AIを使う前に知っておきたいこと

本書でいう「AI」って?

このChapterでは、AIをスマートに使うための考え方を紹介していきます。ここでいうAIとは「生成AI」のことですが、これがどんなものなのか、簡単に押さえておきましょう。

「生成AI」は、文章、画像、音楽、コードなど、さまざまなコンテンツを自動生成できるAI技術のことです。

人間と話すのと同じように会話できるので、AIが言葉の意味を理解しているように見えますが、AIは意味を理解しているわけではありません。**「次に来る単語」をアルゴリズムで予測しているだけ**です。

例えば「日本の都道府県の数は?」ときくと、AIはすぐに「47」と答えることができます。これはAIが、私たちがテスト勉強をするように知識を覚えたからではありません。そうではなく、これまで学習したデータの中で「日本の都道府県の数」と「47」が並んで出現する確率が高いことを学習したからなのです。

このように、AIは同時に出現するアルゴリズムが高い言葉を予測して出力できます。だから一見すると、意味を理解し、思考しているように見えるのです。

生成AIはChatGPTだけじゃない

ビジネスに活用できる生成AIの代表的なものをご紹介します。

文章生成AIで最も有名なのは、OpenAIが開発した**ChatGPT**ですが、現在ではGoogleが開発した**Gemini**やAnthropicが開発した**Claude**なども人気を博しています。

ウェブからの情報源を用いて回答を生成し、回答文中に根拠となる情報源を引用する機能を持つ**Copilot**や**Perplexity**、**Genspark**のように、調査に強みがあるAIも現れています。

AIの能力は、無料か有料か、バージョンによっても変わるため、どのAIがすぐれているかは一概には言えません。いくつかのAIを比較して、自分に合ったサービスを探す上では、GMOが提供している「**天秤AI by GMO**」というサービスが魅力的です。Claude、ChatGPT、Gemini、Perplexityなどの最新AIを最大6個まで同時に実行することが可能です。

また、AIを組み込んだWEBサービスやスマホアプリも現れており、私たちノースサンドが販売代理店を務めている「**Notion**」にも、文章生成や議事録作成などを高速で行うことができる「Notion AI」が組み込まれています。

画像生成AIとして有名なのは**Midjourney**や**Stable Diffusion**。AIで生成した画像をすぐに活用できるという点では、スライドやSNS投稿、ポスター、ロゴなどのデザインができるビジュアルツールキット**Canva**の画像生成機能が魅力的です。

このように幅広い用途に向けられたAIが現れています。まずは無料でスタンダードな文章生成AIを使えるようになった上で、ご自身の業務や会社に合ったサービスを契約することがおすすめです。

本書では2025年1月現在、無料で使えるサービスの中で使い勝手がよい「**ChatGPT 4o**」「**Claude 3.5 Sonnet**」と「**Perplexity**」の出力結果を主に紹介します。

　基本的に、本書で掲載しているプロンプトは他のAIサービスでも共通して利用できますので、あなたに合ったAIを用いて試してみてください。

　ただし、AIは同じサービスでも、その都度回答が異なるため、同じプロンプトでも同じ結果が表示されるとは限りません。出力結果はあくまで参考程度にお考えください。

まずは動かしてみよう

　生成AIは、プログラミング言語など不要で、普通の日本語で指示できるのが最大の魅力。生成AIに対して、何を生成してほしいのか指示する言葉は「**プロンプト**」と呼ばれます。次のセクションで解説するように、プロンプトの作り方にはコツがありますが、まずは試しにChatGPTを使ってみましょう。

▲ChatGPTの入力画面

ためしに聞きたいことをここに入力してみてください。
たとえばこんなこと。

> **PROMPT**
> ・2泊3日の京都旅行のプランを作って。
> ・次に月面に行けそうな会社はどこ？

あなたの個人的な作業のサポートから、一般的なニュースの深掘りまで、大体答えてくれるはずです。

もしかすると、こう考える人もいるかもしれません。

『Google検索とそんな変わらなくない？』

そう、使い方や考え方によっては、Google検索した内容とあまり変わり映えしない返答が返ってきてしまうのが、AIなのです。しかしAIには「こんなこともお願いできるのか！」という驚きが多くあるはず。本書はそんな一助になることを目指しています。

② 「筋のいい」プロンプトの作り方

　より精度の高い結果を得たいと思ったら、**プロンプトエンジニアリング**を活用するのがおすすめです。プロンプトエンジニアリングとは、「AIから望ましい出力を得るために、最適な指示を設計すること」を指します。

プロンプトの基本の型

　プロンプトエンジニアリングで推奨される基本的なプロンプトの構造は以下のようなものです。

- 指示：AIが実行する指示やタスク
- 制約条件：どのような条件で処理を実行するか
- 背景・文脈：自分の意図・目的・状況など、生成AIに考慮してもらいたい背景や外部情報
- 入力データ：処理する内容
- 出力形式：出力してほしい形式

　指示する時に気を付けることは、「〇〇しないでください」と書くのではなく、「〇〇してください」と書き、できるだけ詳しく指示することが重要です。例えば「難しいことを言わないでください」ではなく「小学生に伝わるように書いてください」と書きましょう。
　また、「#」を使うことで見出しを作り文章を構造的に表現すると、

AIに指示が伝わりやすくなります。例えばこんな感じです。

> **PROMPT**
>
> #指示
> 東京と京都の特色を比較してください。
> #制約条件
> 比較の観点を7つ出してください。
> #背景
> 私は、旅行代理店に勤めており、京都と東京、それぞれの魅力を外国人旅行客に伝えたいと思っています。
> #出力形式
> 表にまとめてください。

今回の入力データは「東京と京都の特色」というシンプルなものなので、指示の中に入れています。
「7つ」と指定しなければ、AIは3つくらいしか観点を出してくれませんし、「表という形式」を指定しなければ、普通の文章で答えてきます。指示を明確にすることと、自分の状況をできるだけ具体的に伝えることがより価値の高い成果を得るために重要なのです。出てきた内容が次ページのようになります。

> **Answer**
>
> 東京と京都の特色を比較する際の観点を7つ設定し、表にまとめました。
> この表を活用して、東京と京都のそれぞれの特色を外国人旅行客に適切に説明できると考えています。

観点	東京	京都
雰囲気	活気に満ちた高層ビル建設ラッシュの大都会	古都の風情あふれる歴史的街並み
観光スポット	東京スカイツリー、浅草寺、皇居など	金閣寺、清水寺、伏見稲荷大社など
グルメ	多種多様な飲食店が集まる食の都	精進料理、obanzai(おばんざい)など伝統的な京料理
ショッピング	高級ブランド店から最新トレンドのセレクトショップまで	京友禅、西陣織など伝統工芸品
交通	東京メトロや新幹線網が発達した交通の要衝	京都市営地下鉄と観光バスが主要な交通手段
ナイトライフ	クラブ、ライブハウス、カラオケなどエンターテインメント充実	祇園の芸妓舞妓による芸能鑑賞
宿泊施設	高層ホテルからカプセルホテルまで多様なチョイス	旅館、町家ゲストハウスでの伝統的な滞在体験

　例えば、部下の育成に関してアドバイスを求める場合でも、ただ「部下の育成に関するヒントをください」と指示するのと「自分はどんな立場で、その部下がどんな職種、立場で、どんな課題を抱えているのか」を付け加えるのとでは、AIの回答のクオリティは大きく変わってきます。

　次のようにプロンプトと入れるイメージです。

> **PROMPT**
>
> #指示
> あなたは人材育成の専門家です。
> #部下 の育成に関するヒントをください。
>
> #背景
> 私は、食品メーカーの法人営業部の課長です。
>
> #部下
> ・文学部出身の社会人一年目。
> ・商品企画に憧れて入社したため、営業の仕事を嫌がっています。
> ・商品企画をするために営業の経験は重要だと伝えているが、あまり納得していない様子です。
>
> #出力形式
> 育成方針を3つ、具体的なアクションを10個書いてください。

本書で使用したプロンプトは巻末の読者特典にまとめました。

まずはビジネスシーンでのAI活用に慣れた後、ご自身でプロンプトを作る際に参考にしていただければ幸いです。

③ AIを使いこなすための10のTIPS

AIには「新しいことが考えられない」とも言いますが、それも使い方次第です。ここでは、私たちがAIを使っている中でわかってきたTIPSをお伝えします。

①「面倒くさい」を解消 ― アシスタントとしてAIを活用
面倒な作業をAIに任せることで、より創造的な仕事に集中できます。資料作成、データ分析、情報収集など「時間をかければできるけど面倒な作業」を任せられます。

②フレームワークと組み合わせる ― コンサルタントとしてAIを活用
AIは単なるツールではなく、思考のパートナーです。「ビジネスフレームワーク」を組み込んだプロンプトを使うことで、コンサルタントのような役割を果たしてくれます。

③独自の切り口を与える ― 作家としてAIを活用する
AIは新しいことや独自性のあることを考えられないと言われることがあります。しかしプロンプト次第では、そうでもありません。例えば「AIの未来について独自の切り口から予想してください」といった調子で独自に考えることを指示することもできます。また自分では意味がわからなくても、奇抜なお題を振ってみると、AIはいとも簡単

に思考を展開してみます。例えば、

> **PROMPT**
> 「AIは猫である」という主張を説得的に展開してください。

こんな無茶振りに対しても、「予測不可能な行動」「好奇心旺盛」「独立心」「遊び心」「柔軟な適応力」といった調子で10個の共通点を一瞬で考えて説明してくれます。新規性のある仮定を与えれば、AIはそれに基づいて新規性のある文章を作成できるのです。

④最適なアウトプットに変換する ― 編集者としてAIを活用

AIは優れた編集者です。文章の誤字脱字チェックや表現の改善、構成の修正など、あなたの文章をより効果的なものに仕上げてくれます。ただ正しいものにするだけでなく「もっとバズる表現に変えてください」「もっと買いたくなるような表現に変えてください」と指示することもできますし、修正案を10個作ってもらうことも簡単です。

⑤AIに逆に質問してもらう

自社の商品の魅力を伝える、自分の部下について分析する、といった場合には、必要な情報はあなた自身の中にあります。しかし必要な情報を整理して書き出すのは、案外たいへんです。なので、AIに質問してもらうのがおすすめです。

> **PROMPT**
> 「商品の魅力を紹介する記事」を作成したいです。記事を作成するのに十分な情報を得るまで質問してください。

質問に答えたら、続いてその回答を読ませて記事を作ってもらうことができます。

> **PROMPT**
> 入力データをもとに「商品の魅力を紹介する記事」を作成してください。

⑥AIに役割を演じてもらう

AIは条件を与えるとどんな役割でも演じてくれます。

例えば「あなたは一流のコンサルタントです」「あなたは弁護士です」「あなたは小学生です」といった文言を「#条件」に加えると、その役割の人のように話してくれます。

著名な人物の役割を演じてもらうことも可能です。

> **PROMPT**
> #指示
> 新しい帽子に関するアイデアを考えてください。
> #制約条件
> あなたはスティーブ・ジョブズです。

⑦一往復で完璧な出力を期待しない

「入力1回、出力1回」で完璧な回答が出ることを求めないことも重要です。回答に満足できない場合は二つの選択肢があります。

1つ目は「プロンプトの改善」です。AIによる出力が意図した内容と大幅に乖離していた場合は、再度プロンプトを作成し直し入力しましょう。

意図は伝わっているが、回答の情報量が不足していたり、もっと掘り下げたりしたい点がある場合は、2つ目の「追加対話」を行いましょう。文章生成AIは同じチャット上においては過去のやり取りの文脈を踏まえた回答が可能なので「もっとこのようにしてほしい」といった出力に対するリクエストを追加で行えます。

⑧とにかくAIに甘えてみる

AIはどんな仕事を振っても怒ったりしません。AIに何を指示すればいいかわからないこともあるでしょう。そんなときは、AIの使い方をAIに聞いてみましょう。

> **PROMPT**
>
> 営業でAIを活用したいと思っています。活用のアイデアを10個教えてください。プロンプトも書いてください。

またAIを使って作った成果物に対して「もっとドラマチックにしてほしい」など上司がフィードバックをくれたとします。「どう反映すればいいんだ？」となったら、以下のようにAIに指示することもできます。

> **PROMPT**
>
> #指示
> 以下の文章に関して、上司からフィードバックをもらいました。上司のフィードバックに合わせて修正案を3パターン作成してください。
>
> #フィードバック
> ・もっとドラマチックにしてほしい
> ・40代以上の経営層が興味を持つ要素を入れてほしい
>
> #文章
> "(ここに文字を入力)"

上司の指示が曖昧な場合も、AIは柔軟に対応してくれます。

⑨カスタム機能で、自分だけのAIを作る

ノーコードでオリジナルのチャットボットを設計できるGPTs(有料プランのみ利用可能)などのカスタム機能を活用することで、AIはあなたのニーズに特化したツールになります。特定の分野や業務に特化したAIを開発することで、より効率的で効果的な作業を実現できます。

⑩AIがもたらす「時間」を有効利用する

AIを活用することで、業務効率化が実現します。その生まれた時間で、これまでできなかったことに挑戦してみましょう。たとえば1日30分でも、新規事業のアイデアを練ったり、別部署の人との交流を深めたり、瞑想をしたり、自分の成長に繋がる時間を作り出しましょう。

AIを使う上での注意点

こんな便利なAIですが、ビジネスで安全に活用する上では注意すべき点が主に3つあります。

①著作権、②信憑性、③情報漏洩です。

1. 著作権——AI生成物も著作権法の対象

AIを利用して画像や文章などを生成する場合、**その生成物も著作権法の対象となります**。つまり、AIが生成した作品を利用するときにも、著作権侵害に当たる可能性があるのです。では、どんな時に著作権侵害に当たるのでしょうか。

著作権法では、私的に鑑賞するため画像等を生成するといった行為は、権利制限規定（私的使用のための複製）に該当し、著作権者の許諾なく行うことが可能です。問題は、**商業利用の場合**です。AIを使わずに描いた絵やデザインしたロゴを商業利用する時と同じく、既存の著作物との「**類似性**」と「**依拠性**」によって判断されます。

具体的にどの点を見ればいいのでしょうか。文化庁のチェックポイントによれば、下記の点で判断できます。

①行おうとしている利用行為（公衆送信・譲渡等）が、権利制限規定に該当するか
②既存の著作物と類似性のあるものを生成していないか
※文化庁ホームページより引用

AIを利用して作品を生成する際には、これらのチェックポイントを念頭に置いて、著作権侵害のリスクを抑えましょう。

2. 信憑性——ハルシネーションの存在

AIは膨大なデータから学習し、驚くほど自然な文章や画像を生成することができます。しかし、AIは万能ではありません。特に大きな問題点が、「**ハルシネーション**」と呼ばれる現象を起こす可能性があることです。ハルシネーションとは「**AIが間違った情報を出力してしまう現象**」のことです。

ハルシネーションを防ぐためには、以下の対策が有効です。

①プロンプトを工夫する
・確実な知識のみの回答を求める
・ソースと根拠の表示を求める
・事実と意見を区別するように求める

例えば、以下のようなプロンプトに工夫します。

> **PROMPT**
>
> #指示
> 日本の食品業界の現状と課題を分析した上で、10年後の状況を予測してください。
> #制約条件
> ・検証できるようにURLでソースと根拠を表示してください。
> ・事実と意見や予測を区別してください。
> ・未来にはいくつもの可能性があるので、10年後の状況を3パターン予測してください。

②検索機能に優れたAIを活用する

AIの出力結果が正しいのか、自分に判断するための専門知識や経験がない領域では検証が困難です。そのため、ウェブからの情報源を用いて回答を生成し、回答文中に根拠となる情報源を引用する機能を持つCopilot、PerplexityやGensparkなどを活用するのがおすすめです。

③検索拡張生成（RAG：Retrieval-Augmented Generation）を活用する

また少し異なるアプローチとしては「検索拡張生成」を活用することも挙げられます。これは、例えば業務マニュアルや社内規定のような外部データベースから回答を生成する仕組みです。通常のAIのように世界中の情報をもとに文章を生成することはできませんが、質問に合わせて、決まったデータベースから信頼性の高い情報を生成することができます。

3. 情報漏洩——入力データの管理問題

AIは入力されたデータから学習するため、機密情報を含むデータを入力してしまうと、情報漏洩のリスクが高まります。

例えば、OpenAI社では、バグによってチャット履歴が流出した事例があり、大手電子製品メーカーでは、ChatGPTに入力した社外秘の情報が流出するといった事例も報告されています。

この事例からわかるように、AIをビジネスで利用する際は、情報漏洩対策を徹底することが重要です。以下の対策を参考に、情報漏洩のリスクを最小限に抑えましょう。

①固有名詞など機密情報は入力しない

社外秘情報や個人情報など、重要な情報はAIに入力しないようにし

ましょう。

②生成AIが学習しない設定をする

　AIが学習しない設定ができる場合は、その設定を有効にすることで、情報漏洩のリスクを軽減できます。

③法人向けプランを利用する

　本書は「ビジネス契約なしに個人でもすぐに始められるAI」をテーマにしていますが、セキュリティを高める上ではChatGPT EnterpriseやClaude Enterpriseなどの法人向けプランも検討してください。法人向けプランはセキュリティ対策が強化されており、より安全にAIを利用できます。

　AIは非常に強力なツールですが、その使い方によっては大きなリスクを伴う可能性があります。上記のような注意点に注意し、適切な対策を講じることで、安全かつ効果的に活用していきましょう。

本書の使い方

AIでできることを実践しながら学んでいこう

1 使用するAIと難易度を確認します。

ChatGPT4.0　Lv ★★☆☆☆

2 ザックリとイラストで概要を掴みましょう。

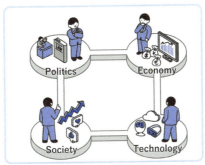

3 本文で用途を理解した上で、本書内のプロンプトを活用しましょう。

青文字部分は読者の皆様の用途や目的に応じて入力内容を変えてください。
※本書内で記載したプロンプトは巻末のQRコードからコピー＆ペーストが可能です。

> **PROMPT**
>
> #指示
> 東京と京都の特色を比較してください。
> #制約条件
> 比較の観点を7つ出してください。
> #背景
> 私は、旅行代理店に勤めており、京都と東京、それぞれの魅力を外国人旅行客に伝えたいと思っています。

AIに
リサーチを手伝って
もらう

今の事業を発展させるためにも、新しい事業を始めるためにも大切なのはリサーチ。
このChapterでは、自社・競合・顧客に関するリサーチにAIを活用する方法をご紹介します。

Perplexity　Lv ★☆☆☆☆

PEST分析で マクロな変化を把握する

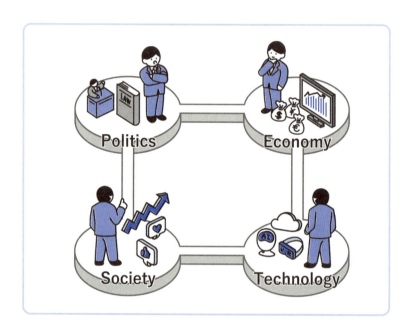

PEST分析とは?

　リサーチを行う時に大切なことは、視野を狭めないこと。

　コンピュータの登場でタイプライターの需要がなくなったり、スマートフォンの登場でガラケーの需要がなくなったりしたように、目先の自分たちのプロダクトやサービスのことばかりを考えてリサーチをしていると、いつの間には自分たちのマーケット自体が変わってしまって、これまでのものがほとんど役に立たなくなることもしばしば。

そうならないために、今だけではなく未来を、自分たちの事業だけでなく、社会全体を見ることが重要です。その時にオススメのフレームワークが「**PEST分析**」。

　PEST分析は、自社を取り巻く外部環境が、現在もしくは将来的にどのような影響を与えるかを把握・予測するためのフレームワークで「**政　治**（Politics）」「**経　済**（Economy）」「**社　会**（Society）」「**技　術**（Technology）」という4つの外部環境を取り出し、分析対象とします。自分の頭でこれらの変化を分析し、予測することは骨が折れます……。しかし、インターネットにある世界中の情報にもとづいて深層学習を行っているAIにとっては、さまざまな要素を幅広く分析して整理することは簡単。そこで助けてもらいましょう。

PEST分析を実行するプロンプト

　以下にPEST分析を指示するためのプロンプトを用意してみました。今回は、影響を及ぼす範囲は「2030年までの日本」、業種は「出版」を例にして、Perplexityに聞いてみましょう。

　青字部分は、あなたの聞きたい業種や、範囲に変えて検索をいて頂ければ、それに沿った回答が出てくるはずです。

> **PROMPT**
>
> #指示
> あなたは非常に優秀なマーケティング担当者です。
> 以下の#外部環境 #業種 でPEST分析をしてください。
> 注釈や繰り返しは不要です。
> 結果のみを#出力形式 に従って出力してください。
> #外部環境
> "2030年までの日本"

CHAPTER 2 ＡＩにリサーチを手伝ってもらう

```
#業種
"出版"
#出力形式
【PEST分析】
P(政治的な観点)
E(経済的な観点)
S(社会的な観点)
T(技術的な観点)
```

　今回のプロンプトのポイントは、まず指示で「あなたは非常に優秀なマーケティング担当者です。」とAIの役割を指定して精度を上げていること。

　今回は端的な回答が欲しいので「注釈や繰り返しは不要です。」と指示し、「#出力形式」を指定することで、AIによるアウトプットがこちらの意図から外れないようにしています。

　その結果、出てきたAIの回答が次のように出てきました

Answer

【PEST分析】
P(政治的な観点)
・著作権法の改正による電子書籍市場への影響
・教育政策の変更に伴う教科書・学習参考書市場の変動
・文化庁による読書推進政策の強化
・出版物への消費税軽減税率の適用範囲拡大

・出版物への消費税軽減税率の適用範囲拡大

E（経済的な観点）
・少子高齢化による出版市場の縮小
・電子書籍市場の成長と紙の書籍市場の縮小
・サブスクリプションモデルの普及による収益構造の変化
・円安進行による印刷コストの上昇

S（社会的な観点）
・デジタルネイティブ世代の台頭による読書習慣の変化
・SDGsへの関心高まりによる環境配慮型出版の需要増加
・多様性重視の風潮による多言語出版やバリアフリー書籍の需要増
・ワークライフバランスの変化による趣味・実用書需要の変動

T（技術的な観点）
・AI技術を活用した執筆支援・編集ツールの普及
・VR/AR技術による新しい読書体験の創出
・ブロックチェーン技術を用いた電子書籍の著作権管理
・音声認識技術の発展によるオーディオブック市場の拡大

多角的な視点で分析が一瞬で出てきました！

さらに一工夫

今回は「業種」×「出版」としましたが、「業種」を「職種」に変え、「出版」を「食品開発」「オンラインイベント企画」などに変更することで、利用者に沿ったPEST分析が可能になります。

出された回答の全てが有用ではなくても、そのうちの一つが使えれば儲けもの。「この発想はなかった」というものがあったら、その一つを深掘りしてみるのがおすすめです。

文章生成AIはスレッド形式で使用できるので、これまでのやりとりを踏まえて答えてもらえます。今回なら「もっと詳しく説明してもらう」といいでしょう。

> **PROMPT**
>
> 「SDGsへの関心高まりによる環境配慮型出版の需要増加」とはどういうことですか。詳しく教えてください。

また具体的なビジネスのアイデアを聞いてしまうこともできます。

> **PROMPT**
>
> 出版社がサブスクリプションサービスを導入するとしたら、どのようなやり方が可能ですか。電子書籍の場合と紙の本の場合、両方を考えてください。

Perplexity　Lv ★☆☆☆☆

ファイブフォース分析で業界の競争構造を分析する

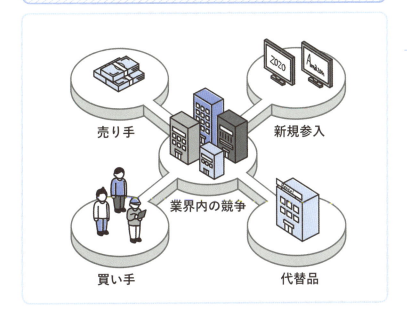

ファイブフォース分析とは?

　PEST分析では「これから社会はどう変化するか」というマクロ的かつ未来志向な視点から、自社のビジネスを分析しました。次は、自分たちが今属している業界の構造について分析してみましょう。たとえば、飲食店とコンサルティングサービスでは全くビジネスモデルも想定される問題も異なります。業界という視点での分析が重要なのです。

ここで使えるのが「ファイブフォース分析(Five Forces Analysis)」です。これは、企業が属する業界の競争環境を分析するためのフレームワークです。1979年にハーバード大学の経営学者マイケル・ポーターによって提唱されました。このフレームワークは、業界内の競争の激しさや、企業が直面する外部の力を理解し、戦略的な意思決定に役立てるために使用されます。それは自社を取り巻く5つの脅威を分析するものです。

①業界内での競争
同業他社との直接的な競争。業界全体の規模、競合各社の数、各社の知名度や資金力が分析ポイント。

②業界への新規参入者
新規参入がしやすいか、どのような新規参入が想定されるか。市場の規模、参入者の技術レベルやブランド力が分析ポイント。

③代替品の存在
同業他社の競合商品ではなく、家庭用ゲーム機に対するスマホゲームアプリのように業界の外からやってくる代替品のこと。代替品と自社製品の違い、代替品へ乗り越える際のコストなどが分析ポイント。

④買い手の交渉力
買い手と自社との間の力関係。市場規模、競合他社の状況、価格設定などが分析ポイント。競合が多く価格競争が激しくなければ「買い手市場」となる。

⑤売り手の交渉力

売り手と自社の力関係。メーカーであれば原材料のサプライヤー、販売会社であれば卸をおこなう企業との力関係。市場規模、売り手の数、供給元を乗り越える際のコストが分析ポイント。

ファイブフォース分析を実行するプロンプト

それでは早速動かしてみましょう。今回も検索機能が使えるPerplexityを使用します。

> **PROMPT**
>
> #指示
> ・あなたは戦略立案のプロフェッショナルです。
> ・以下の#制約条件 と#出力形式 に従って、クライアントの#ビジネス に関して業界構造の分析を行ってください。
>
> #ビジネス
> 書籍出版（紙・電子）
>
> #制約条件
> ・#ビジネス について、一般的に用いられるフレームワーク「5F分析」に基づいて考察を行う。
> ・分析は必ず客観的で分かりやすく、説明の過不足が無いようにしてください。
> ・分析は以下の5つの観点から分析を行う。
>
> ①業界内での競争：同業他社との直接的な競争。業界全体の規模、競合各社の数、各社の知名度や資金力が分析ポイント。

②業界への新規参入者:新規参入がしやすいか、どのような新規参入が想定されるか。市場の規模、参入者の技術レベルやブランド力が分析ポイント。

③代替品の存在:同業他社の競合商品ではなく、家庭用ゲーム機に対するスマホゲームアプリのように業界の外からやってくる代替品のこと。代替品と自社製品の違い、代替品へ乗り越える際のコストなどが分析ポイント。

④買い手の交渉力:買い手と自社との間の力関係。市場規模、競合他社の状況、価格設定などが分析ポイント。競合が多く価格競争が激しくなければ「買い手市場」となる。

⑤売り手の交渉力:売り手と自社の力関係。メーカーであれば原材料のサプライヤー、販売会社であれば卸をおこなう企業との力関係。市場規模、売り手の数、供給元を乗り越える際のコストが分析ポイント。

・分析は必ず各要素の概要とその詳細な分析をセットで掲載する。
・分析結果をもとに総評を考えてください。「最初に行うべき施策は何か」などできるだけ実践的な内容が好ましいです。
・出力は#出力形式 に基づいて行ってください。

#出力形式
【5F分析】→表形式で、以下のような構成。
1列目: 項目名→5つの要素全てを紹介
2列目: 1行目の項目の概要
3列目: 項目名に対する分析→#制約条件 に従って分析を行ってください
【総評】→上記の5F分析を踏まえて#制約条件 を忠実に守りながら総評を行う。総評については必ず次に起こすべきアクションについても言及する。

このプロンプトのポイントはまず「制約条件」を詳しく指定していることです。ファイブフォース分析が具体的にどういうものなのか、細かく伝えることで、分析の深度が上がります。

　また「出力形式」を表にしていること、総評で「最初に行うべき施策は何か」など次に起こすべきアクションにまで落とし込んでもらうように指示していることです。

その結果でてきた回答が次ページのものになります。

Answer

①業界内での競争	既存出版社間の競争	出版業界は成熟市場であり、大手出版社が混在しています。電子書籍市場の成長により競争が激化しており、特にデジタル分野での差別化が重要になっています。大手出版社は資金力と知名度で優位に立つ一方、中小出版社はニッチ市場や特定ジャンルに特化することで生き残りを図っています。
②新規参入者	新規参入の障壁	出版業界への参入障壁は比較的低く、特に電子書籍分野で個人や小規模企業の参入が増加しています。しかし、ブランド力の構築や流通網の確立には時間とコストがかかるため、大規模な参入は限定的です。技術の進歩により、自費出版やオンデマンド印刷サービスを利用した新規参入者も増加しています。
③代替品の存在	他のメディアやエンターテインメント	動画配信サービス、ポッドキャスト、SNSなどデジタルメディアが書籍の代替品として台頭しています。特に若年層を中心に、情報収集や娯楽の手段が多様化しており、書籍市場に影響を与えています。また。オーディオブックの普及も進んでおり、従来の読書スタイルに変化をもたらしています。

④買い手の交渉力	読者や書店の影響力	大手書店チェーンやオンライン書店の台頭により、買い手の交渉力が強まっています。特にAmazonなどの巨大プラットフォームは、価格設定や販売条件に大きな影響力を持っています。一方で、読者の嗜好が多様化しており、ニッチな市場や特定のジャンルに強みを持つ出版社にとっては、一定の交渉力を維持できる可能性があります。
⑤売り手の交渉力	著者や印刷会社との関係	著名な作家や人気シリーズを持つ著者は強い交渉力を持っていますが、新人作家や中堅作家の場合は出版社側が優位に立つことが多いです。印刷会社との関係では、デジタル化の進展により印刷部数が減少傾向にあるため、出版社の交渉力が相対的に強まっています。ただし、特殊な印刷技術や短納期対応が可能な印刷会社は一定の交渉力を保持しています。

【総評】
5F分析の結果、書籍出版業界は成熟市場でありながら、デジタル化による構造変化に直面していることが明らかになりました。特に電子書籍市場の成長と新規参入者の増加、代替品の台頭により、競争環境が激化しています。この状況下で、出版社が取るべき次のアクションとしては以下が考えられます：

1. デジタル戦略の強化：電子書籍やオーディオブックなど、デジタルコンテンツの開発と販売チャネルの拡大に注力する。
2. ニッチ市場の開拓：特定のジャンルや読者層に特化したコンテンツを提供し、差別化を図る。
3. 著者との関係強化：優秀な作家の発掘と育成に努め、独自のコンテンツラインナップを構築する。
4. マルチメディア展開：書籍コンテンツを基にした動画配信やポッドキャストなど、他メディアとの連携を推進する。

5.データ分析の活用:読者の嗜好や購買行動を分析し、的確なマーケティングと商品開発に活かす。

これらの施策を通じて、変化する市場環境に適応しつつ、競争力を維持・向上させることが重要です。特にデジタル戦略の強化は、新規参入者や代替品との競争に対応する上で最優先で取り組むべき課題といえるでしょう。

さらに一工夫

このように重要な論点を網羅した分析してくれますが、業界にそれなりに詳しい人ならみんなわかっているということしか出てこない場合もあります。

そういうときは、人間が考えるのが大変なプロンプトを投げてみるのもおすすめです。

PROMPT

書籍の代替品を20個挙げ、機能や価値の違いを比較する表を作ってください。

5個挙げる程度では想定の範囲内のものが来ますが、20個にすると「SNS」「インタラクティブアプリ」「VR/AR体験」「AI会話ボット」「オンラインフォーラム」「ドキュメンタリー映画」など、普通の本の代替品だと思われていないものも多数挙がってきます。人間の思考の限界を突破できること、それがAIを使う大きな意義の一つなのです。

ChatGPT4.0 Lv ★★☆☆☆

VRIO分析で自社の競争優位性を分析する

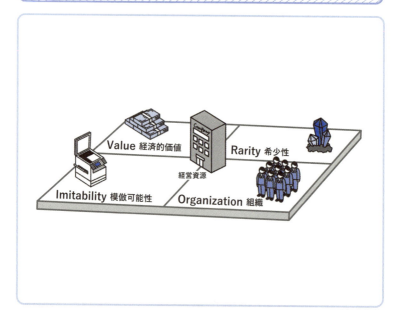

VRIO分析とは?

　ファイブフォース分析では、自社を取り巻く脅威の分析をしました。その上で大切なのは「今の時点で自分たちには何ができるのか」「自分たちはどんなリソースを持っているのか」をしっかりと分析することです。

　未来は現在の先にしかありません。今持っているリソースで活用できるものはあるのか、また未来の成長のためにどのリソースが足りて

いないのか、明らかにしておきましょう。

そこで活用できるフレームワークが「VRIO分析」です。VRIO分析では、4つの視点から自社のリソースの評価を行います。

- Value（価値）：企業が提供する製品やサービスが市場で評価され、顧客のニーズに応えることができるか
- Rarity（希少性）：企業が保有するリソースや能力がどれだけ珍しく、市場で競合他社に対してユニークな位置を占めているか
- Imitability（模倣困難性）：企業が持つリソースや能力が競合他社によってどれだけ模倣しにくいか
- Organization（組織）：企業が上記3つのリソースをどのように組織内で管理し、戦略的目標の達成に向けて最適に活用できるか

VRIO分析を実行するためのプロンプト

それではVRIO分析を行うためのプロンプトをご紹介します。入力データの箇所に、ご自身の会社の情報を入力すると、評価を行ってくれます。

今回はテック系スタートアップを例にしてみましょう。

PROMPT

#指示
あなたは極めて優秀な経営コンサルタントです。 企業の競争力を分析するためにVRIOフレームワークを使ってください。
#入力データ について、価値、希少性、模倣可能性、組織化の4つの観点からVRIO分析をしてください。

#文脈
VRIO分析とは、企業の内部資源を評価するツールです。価値(Value)、希少性(Rarity)、模倣可能性(Imitability)、組織化(Organization)の4つの要素によって、資源が競争優位につながるかどうかを判断します。各要素についてはYes/Noで回答し、その理由も説明してください。

#入力データ
- 業種：テクノロジー系スタートアップ
- 事業内容：
・AIを用いたパーソナライズド学習システムの開発
・上記のサービスを教育機関に導入
- 主な顧客：教育機関
- 人材：
・社員数は5名
・技術系出身者と教育業界出身者がいる
- 技術開発：
・AIとシステム開発に関する知識とノウハウがある
- 資金調達：
・ベンチャーキャピタルからの支援を受けているが、さらなる拡大のためには資金が不足している
- 顧客ロイヤルティ：
・大手の学習塾のクライアントがいる

#出力形式
出力は必ずテーブル形式（表形式）で行ってください。各資源について、Yes/Noと理由を記入してください。出力は300文字以内で行ってください。
- VRIO分析の結果によって、資源は競争優位(Yes/Yes/No/Yes)、一時的な競争優位(Yes/Yes/No/No)、競争平等(Yes/No/-/-)、競争不利(No/-/-/-)の4つのカテゴリに分類されます。出力の最後に、各資源がどのカテ

ゴリに属するかも記入してください。
・最後に総括として、全体に対する評価を行ってください。

#アドバイス
役割と文脈を理解し、命令に沿って入力データを出力するためには、以下のことに注意してください。
- VRIO分析は内部資源のみに適用されます。外部環境や競合他社の状況は考慮しません。
- 価値とは、資源が顧客のニーズを満たすかどうかです。希少性とは、資源が他社に比べてどれだけ少ないかです。模倣可能性とは、他社が資源を真似ることができるかどうかです。組織化とは、企業が資源を有効に活用できるかどうかです。

今回のプロンプトの特色は、「#アドバイス」として分析の方法について注記を行い、分析の精度を上げていることです。

ChatGPTからは以下の回答が得られました。

Answer

資源	価値(Value)	希少性(Rarity)	模倣可能性(Imitability)	組織化(Organization)	理由	カテゴリ
AI技術とノウハウ	Yes	Yes	No	Yes	AI技術は顧客ニーズを満たすが、同分野での競合も多いため模倣されやすい。ただし、組織内で活用可能。	一時的な競争優位

人材（技術系・教育業界出身）	Yes	Yes	No	Yes	多様なバックグラウンドの人材は価値があり、希少性があるが、同様のスキルを持つ人材は市場で入手可能。	一時的な競争優位
顧客基盤（大手学習塾）	Yes	Yes	No	No	大手クライアントの存在は価値があるが、模倣可能であり、現在の規模では十分に活用されていない。	競争平等
資金調達	Yes	No	-	-	ベンチャーキャピタルの支援はあるが、同様の支援を受ける企業は多く、希少性に欠ける。	競争平等

> **総括：企業はAI技術や多様な人材といった強みを持ち、これらの資源は価値と希少性を兼ね備えていますが、模倣可能性が高いため持続的な競争優位にはつながりにくい状況です。また、現在の資金や顧客基盤の活用が十分とは言えません。競争優位性を強化するには、模倣困難な技術やサービスの開発、顧客基盤の拡大、資金調達能力の向上が必要です。**

　人間が判断する場合、自社のリソースに対して過小評価したり、過大評価したりしまうことがありますが、AIはその点で感情が入ることはありません。評価に関するものであるため、複数のAIサービスを活用することがおすすめです。今回のケースではGeminiがやや甘め、ChatGPTがやや厳しめなど程度差が見られましたが、顧客ロイヤリティの評価が高く、他の点に関しての評価が中位以下になることは共通していました。

さらに一工夫

結果がわかったところで、「じゃあどうすればいいの？」となるものです。以下のように掘り下げてみるのがおすすめです。

> **PROMPT**
> ・今回の事業に適した資金調達のアイデアを15個考えてください。
> ・組織の持続的な成長のためには、どのような人材が必要ですか。

結果を掘り下げるだけでなく、フレームワーク自体を拡張することもできます。

> **PROMPT**
> VRIO分析にもう一つリソースを評価するための観点を加えるとしたら何がよいと思いますか？ 10個考えてください。

ChatGPTはすぐさま「柔軟性」「スケーラビリティ」「ネットワーク効果」など10個の観点を出してくれます。自分たちに必要な観点を選んで、プロンプトを書き換えれば、さらに高度な結果が得られるはずです。

ChatGPT4.0　Lv ★★☆☆☆

SWOT分析で自社の強みと弱みを分析する

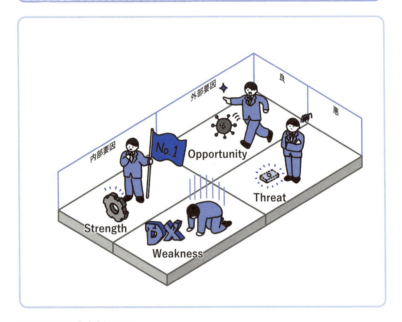

SWOT分析とは?

　VRIO分析では、内部環境(資源や能力)にフォーカスし、それがどのような競争優位性に結びつくかどうかを考えました。それと同時に、外部環境についても分析する必要があります。内部環境と外部環境の分析の両方を組み合わせるフレームワークがSWOT分析です。

　SWOT(スウォット)分析とは、自社の内部環境と外部環境を4つの要素として洗い出し、分析する手法で、企業や事業の現状を把握するた

めのフレームワーク、下記のような要素を持っています。

【内部環境】

S：強み（Strength）／自社や自社製品・サービスに好影響を与える内部環境の要素

W：弱み（Weakness）／自社や自社製品・サービスに悪影響を及ぼす内部環境の要素

【外部環境】

O：機会（Opportunity）／自社や自社製品・サービスに好影響を与える外部環境の要素

T：脅威（Threat）／自社や自社製品・サービスに悪影響を及ぼす外部環境の要素

SWOT分析を実行するプロンプト

現在、インターネット上には会社についての多くの情報が存在しています。とにかく速く簡単に行いたい場合には、検索機能のあるPerplexityに「[会社名]についてSWOT分析を行ってください」という一行で指示してみましょう。

それなりの分析を行ってくれます。ですが、解像度が粗いため、入力データに関してはご自身で考えることがおすすめです。

> **PROMPT**
>
> #指示
> あなたはきわめて優秀なプロの経営コンサルタントです。ある企業の強

み、弱み、機会、脅威を分析してほしいと依頼されました。
SWOT分析をしてください。

#入力データ
企業の理念・目標
・AIを活用し、最も効率的な学習体験を提供する
事業の特色
・ユーザー一人一人の状況に応じて最適な学習コンテンツのリコメンドと学習の進捗管理とサポートを行うパーソナライズド学習システムを開発
・そのシステムを塾、学校、企業に導入している
主な顧客
・大手学習塾
・資格学校
主力商品
・パーソナライズド学習システム
企業文化
・30代が中心
・ベンチャー気質
・教育出身者とIT出身者の間に少し溝がある
市場の情報
・AI活用サービスは多数出現している
・少子化の中でも子ども一人当たり教育費は増加傾向にある
・ビジネスパーソンのリスキリング需要が存在する
競合の情報
・類似のサービスを行っているベンチャーが存在する
・大手教育企業も類似のサービスを試験的に開始している

#出力形式
SWOT分析の結果を表形式で出力してください。 各項目には具体的な

事例や根拠を記述してください。

#アドバイス
・役割と文脈を理解し、命令に沿って入力データからSWOT分析を行ってください。出力は簡潔でわかりやすくすること。自分の意見や推測は避けること。

これに対して、ChatGPTは以下のように回答しました。

Answer

SWOT分析	内容
強み (Strengths)	- パーソナライズド学習システムという独自性のある技術により、個々の学習ニーズに対応可能。 - 主な顧客として大手学習塾や資格学校などの信頼性あるクライアントを持つ。 - 若いベンチャー気質により、柔軟で迅速な意思決定が可能。
弱み (Weaknesses)	- 教育出身者とIT出身者の間に溝があり、企業文化の統一が不足している。 - 顧客基盤が限定的であり、さらなる拡大が課題。
機会 (Opportunities)	- 子ども一人当たりの教育費が増加傾向にあるため、教育市場には引き続きチャンスがある。 - リスキリング需要が拡大しているため、ビジネスパーソン向けのサービスに新たな成長機会がある。
脅威 (Threats)	- AI活用サービスが市場に多数出現しており、競争が激化している。 - 大手教育企業も類似サービスを開始し、価格競争や差別化の難しさが増している。

さらに一工夫

　この分析自体には、特に驚くべき点はありません。おおよそ予想していた通りの結果です。しかし、このように整理することができたこ

とで、それをもとに戦略を検討することが可能になりました。

例えば、次のように指示を出してみましょう。

> **PROMPT**
>
> 現在の強みにもとづいて機会をつかんで事業を発展させるためには、何をすればいいですか。10個アイデアを考えてください。

SWOT分析は自社分析のツールですが、これを使えば同業他社の分析も可能です（これまで扱ってきたフレームワークも同様です）。インターネットや人的ネットワークを駆使して同業他社の情報を得て、それを入力データに入れれば分析が可能です。また多少荒くてもよいので多数の競合について分析したい場合はChatGPTに「[会社名]についてSWOT分析してください」の一行で指示するのがおすすめです。

さらに法人向けサービスの場合は、法人顧客の課題を探る際にもSWOT分析を活用できます。顧客の企業も同様に強みと弱みを持ち、日々変化する状況の中で戦略を練っているからです。

Perplexity　Lv ★★★☆☆

ヒット商品からペルソナを特定する

CHAPTER 2　AIにリサーチを手伝ってもらう

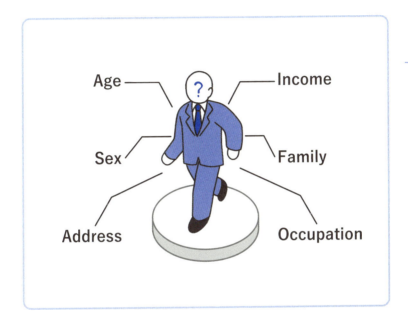

ヒットの要因を分析する

　これまで自社（Company）と競合（Competitor）について分析してきました。さらに顧客（Customer）についても分析していきましょう。顧客はどんなニーズを持っているのでしょうか。法人向けサービスでは具体的に顧客にヒアリングする機会が多いですが、一般消費者向けのサービスや商品ではそれが難しいこともあります。

　特にデジタルではない商品は顧客データを集めるのが簡単ではあり

ません。そんな状況で顧客のニーズを知りたい時に使える方法をご紹介します。今回はネット上の口コミの分析にもとづいて、ユーザーのペルソナを特定してみましょう。

これは特にヒット商品に対して有効で、なぜその商品がヒットしたのか、その裏にあるユーザーの特性や心理を分析するヒントを得ることができます。

口コミデータからペルソナを特定するプロンプト

以下のプロンプトに書籍、化粧品、電化製品などの名称を入れて、検索機能のあるPerplexityのようなAIに指示してみてください。この手法は自社の商品にとっても他社の商品にとっても有効です。

> **PROMPT**
>
> #指示
> #製品・サービス のレビュー、口コミ、まとめサイトから、#製品・サービス のメリット・デメリットをまとめてください。 その際、各メリット、デメリットには点数をつけ、そのメリット・デメリットがどのくらい影響度があるかも記載してください。
>
> #製品・サービス
> "(ここに製品名・サービス名を入力)"

そうすると、メリットとデメリットを整理してまとめてくれます。なお、今回は検索で調べてもらいましたが、自社で顧客のフィードバックに関するデータを保有している場合は、そのエクセルファイルやPDFをアップロードして、それをもとに分析してもらうことも可能です。

さて、メリットとデメリットの分析をもとに、以下のようなプロンプトを作成し、ChatGPTに指示してみましょう。

> **PROMPT**
>
> #指示
> あなたはベテランのUXデザイナーです。
> 以下の商品のユーザーペルソナを作成してください。
>
> ユーザーペルソナは
> **#商品概要**
> **#商品のメリット・デメリット**
> を参照して作成をお願いしたいです。
> また#商品のメリット・デメリット は記載された「インパクトスコア」でユーザーへの影響度も加味してください。
>
> #商品概要
> （Amazonやメーカーサイトの商品紹介文をできるだけ多く貼り付ける）
>
> #商品のメリット・デメリット
> （左ページで出力した内容を貼り付ける）
>
> ユーザーペルソナの構成は以下でお願いします。
> #基本属性
> ・年齢
> ・性別
> ・居住地
> ・家族構成
> ・職業
> ・年収

```
#行動属性
・趣味
・情報収集方法
・休日の過ごし方
・価値観
```

例えば「組織変革」がテーマのベストセラー書籍に関する情報を入力したところ、次のような結果が得られました。

Answer

●基本属性

属性	詳細	理由
年齢	30〜45歳	組織の変革に興味を持ち、自身のキャリアや組織運営に悩んでいる層。経験豊富で、実践的な解決策を求める世代。
性別	男女問わず	商品は性別に関係なく、組織改革に関心のある全ての人を対象としている。
居住地	都市部	都市部では組織の変革やリーダーシップに関心が高く、多様な人々と接する機会が多いため。
家族構成	配偶者あり、または独身	配偶者ありの場合、家庭と仕事のバランスを考える必要があるため。独身の場合は、キャリアの早期成長や自己啓発に強い関心を持つことが多いため。
職業	マネジャー、リーダー、チームリーダー	組織の変革やリーダーシップに関心があり、実践的なアプローチを試みたい職種。
年収	500万円〜800万円	組織改革に関心を持つ中堅から上級管理職層が対象。リーダーシップや変革を進めるための投資に意欲的な層。

●行動属性

属性	詳細	理由
趣味	読書、セミナー参加、自己啓発	知識の習得やキャリアの向上を重視し、自己啓発に積極的な傾向があるため。
情報収集方法	ビジネス書、業界ニュース、セミナー、ネット記事	業界動向やビジネス関連の情報に敏感で、組織運営やリーダーシップに関する最新情報を常に探しているため。
休日の過ごし方	セミナー参加、ネットでの情報収集、リーダーシップ関連の読書	休日も自己啓発や専門性の向上を図る活動を行い、常に自分のスキルを磨きたいと考えているため。
価値観	効率的な組織運営、自己成長、チームの成功	組織の効率性やチームの成功を重視し、個人と組織の成長に対する強い関心を持っているため。

さらに一工夫

　ここで得られたペルソナにもとづいて、カスタマージャーニーマップを作ることもできます。カスタマージャーニーマップとは、「顧客が商品やサービスを購入・利用するまでの道のり」のことです。ペルソナについて出力したスレッドで、以下のようなプロンプトを出してみましょう。

> **PROMPT**
>
> 上記のユーザーペルソナでカスタマージャーニーマップを作成してください。 カスタマージャーニーマップは以下の構成でお願いします。
> ●横軸(ステージ)：認知 興味 比較・検討 利用 共有
> ●縦軸(項目)：行動 タッチポイント 思考 感情 課題

　すぐに以下のような回答を得られました。

Answer

ステージ	認知	興味	比較・検討	利用	共有
行動	ビジネス書やセミナー参加、ネットでの情報収集	関心を持ち、詳細な情報を集める	他のリーダーシップ書や組織変革手法を比較	本書を購入し、実際に活用	組織内での成果を共有し、同僚に推薦
タッチポイント	書籍の広告、業界ニュース、セミナー、書店	書籍のレビュー、オンライン評価、サンプル章	比較サイト、他の書籍のレビュー、業界の推奨	書籍、ワークブック、オンラインリソース	社内ミーティング、プレゼンテーション、レビューサイト
思考	自分の組織に必要な変革のヒントを探している	この書籍が自分の課題をどのように解決できるかを評価	書籍の内容やアプローチが自分のニーズに合うか検討	内容を実践し、具体的な変革の成果を確認	成果や体験を周囲に伝え、同僚や上司に役立ててもらいたい
感情	組織の現状に対する不満や焦り、変革への期待	変革の可能性に対する興奮や希望	書籍の内容に対する興味と期待	成果を確認できた時の満足感と達成感	成果を共有することでの誇りや達成感
課題	自分に合った情報を見つける難しさ	書籍の内容が本当に実用的かどうかの不安	他のリーダーシップや組織変革手法との違いが不明	理論を実行に移す際の困難や障害	組織内での成果を示す証拠やデータが不足していること

- **認知:** ユーザーはビジネス書やセミナーを通じて、組織変革に役立つリソースを探しています。書籍の広告や業界ニュースが初期の接触点となり、関心を持つきっかけになります。

- **興味:** 書籍に対する詳細な情報を収集し、レビューやサンプル章を確認することで、内容が自分の課題にどれほど役立つかを評価します。

- **比較・検討:** 他の書籍や組織変革手法と比較し、自分のニーズに最も適した方法を検討します。比較サイトやレビューを参照し、最終的な購入決定に至ります。

- **利用:** 書籍を購入し、提供されているワークブックやオンラインリソースを活用して、実際に組織変革を試みます。実践的なアプローチが成功するかを評価します。

- **共有:** 組織内での成果を共有し、同僚や上司に対して書籍の有用性を伝えます。成果を共有することで、自己の成功体験や書籍の効果を広めることを目指します。

このマップは、ユーザーが製品に関する各ステージで直面する可能性のある感情、思考、課題を視覚化し、ユーザー体験の向上に役立てることができます。

これはあくまで仮説にすぎませんが、購入に至るまでのプロセスを細かく分けて考えることで、今後の企画にとっての大きなヒントを得ることができます。

ChatGPT4.0　Lv ★★★☆☆

共感マップで深くペルソナを理解する

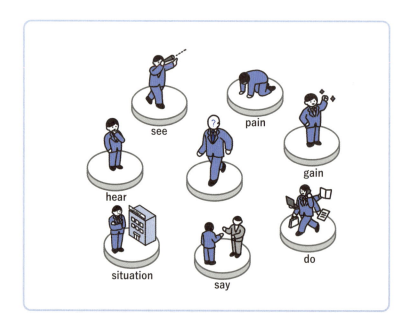

共感マップとは

　さてペルソナ分析とカスタマージャーニーマップを実行する方法を見てきました。ここで得られたペルソナの理解をさらに深めることもできます。それは「**共感マップ**」というフレームワークを活用することです。

　共感マップとは、「ペルソナ視点で感情や行動を整理することで、ユーザのニーズを浮き彫りにするフレームワーク」です。ユーザーの感

情を深く理解することでニーズがわかり、サービスのユーザー設定を行うことができます。

共感マップでは6つの基本要素に注目します。

① ペルソナが見ているもの
② ペルソナが聞いていること
③ ペルソナが考えていること・感じていること
④ ペルソナが言っていること・行動
⑤ ペルソナの痛みやストレス
⑥ ペルソナが得られるもの・欲しいもの

共感マップを作るプロンプト

それでは下記のプロンプトに2-5で作成したペルソナを入力して、ChatGPTに指示してみましょう。

> **PROMPT**
>
> #指示
> あなたはUXデザイナーです。
> 今回、ペルソナが簡単に業務に応用できるサービスのペルソナから共感マップを作成することを支援します。
> #ペルソナ情報 のペルソナの共感マップを作成してください。共感マップで抑える必要がある要素は#共感マップ の各要素}以下に記述されているものです。
> ペルソナに沿って各要素に答えて、#出力形式 の出力形式で出力してください。各要素それぞれで最低3つ意見は出してください。

#ペルソナ情報
[ここに情報を入力する]
-属性情報
[ここに情報を入力する]
-ペルソナの抱える悩み
[ここに情報を入力する]
-現時点での悩みに対しての解決策
[ここに情報を入力する]

#共感マップの各要素
See
・仕事で市場にあるどんなものに目を留めていますか
Say
・どんな発言をよくしていますか
Hear
・どんな情報を他の人から聞いていますか
・どんなことに意識的に耳を傾けていますか
Do
・どんな行動をしていますか
・意識的にどんな行動をしますか
Situation
・どんな状況に置かれているか
・どんなことを求められているか
Pain
・何を恐れていますか
・どんなことに不安を感じていますか
Gain
・何を求めていますか
・どんな状態を達成したいと考えていますか
・なぜその欲求を満たしたいと考えていますか

> #出力形式
> #共感マップの各要素 の順番で表形式で出力してください。

その結果、次のような共感マップが出てきました。

Answer

> 以下は、ペルソナ「30〜45歳、組織の変革に興味を持つマネジャー・リーダー・チームリーダー」の共感マップです。

共感マップ

共感マップの各要素	See	Say	Hear	Do	Situation	Pain	Gain
仕事で市場にあるどんなものに目を留めていますか	最新のリーダーシップ書籍やビジネス	「組織改革が必要だ」とよく話す	組織内の変革に関するトレンドやニュース	読書やセミナー参加を通じて自己啓発に努める	組織の変革をリードする責任がある	組織改革の失敗がキャリアに悪影響を及ぼすことへの不安	効果的な組織変革によりキャリアアップを図りたい
どんな発言をよくしていますか	「このままではいけない」「変革が必要だ」	「変革に向けて具体的なアクションが必要だ」	変革に成功した他社の事例やアプローチ	チームメンバーに変革のビジョンを伝え、動機づける	組織の目標達成のために変革を推進することを求められている	他者に比べて成果を上げられないことに対する焦り	組織全体の成果を向上させ、評価されたい
どんな情報を他の人から得ていますか	変革に成功した企業の事例や経験談	「リーダーシップやマネジメントに関する講演」	組織改革に関する最新の調査結果やレポート	ワークショップやネットワーキングイベントに参加	組織内外の変革の圧力と期待が高まっている	変革が組織文化や業績に与える影響への懸念	成功事例を基にした実践的なアプローチを模索している
どんな行動をしていますか	変革に関連する研修やセミナーに参加	「自分のスキルをアップデートし続ける」	同業他社の取り組みを観察し、学ぶ	コンサルタントや専門家と相談し、アドバイスを受ける	組織の目標達成に向けたプレッシャーが常に存在	変革プロセスの中でのトラブルや課題への不安	組織改革の成功による個人およびチームの成長を実現したい
どんな状況に置かれているか	組織の変革を推進する立場にある	部下や上司から変革の成果を期待されている	組織内外の変革のプレッシャーにさらされている	新しいアプローチを試し、変革を実施する責任がある	変革を進める過程での抵抗や障害を乗り越える必要がある	変革がスムーズに進まないことに対するストレス	効果的な変革プロセスを確立し、組織全体に良い影響を与えたい
何を恐れていますか	変革が失敗することによる評価の低下やキャリアへの影響	自分のリーダーシップが試されることに対する不安	変革の失敗が組織やチームに与える悪影響	変革の過程でのミスや課題に直面すること	変革のプロセスで失敗するリスクを抱えている	変革が不成功に終わることによる職場での立場の悪化	成功した変革を通じてリーダーシップを証明したい
何を求めていますか	実践的で効果的な組織改革の手法	変革プロセスを成功させるための具体的なガイドライン	組織の変革を成功させるための支援やリソース	組織の変革を成功させるための具体的な支援を求める	組織の変革を円滑に進めるための有効な方法を求めている	成功するための実践的な知識や支援が不足していると感じる	組織全体に良い変化をもたらし、評価される成果を得たい

さらに一工夫

　ここで得られたのはペルソナのニーズに対する解像度の高い仮説です。これをもとに新しい商品やサービスを企画することも可能です。

> **PROMPT**
>
> 上記のペルソナに合った商品やサービスを10種類考えてください。

　また、これまでペルソナを絞り込んでいくかたちで行っていましたが、それとは異なるアプローチもあります。それは、特定の行動に関する人々の感情を集めるというものです。

> **PROMPT**
>
> SNS、まとめサイト、ニュースサイト、WEBメディアなどあらゆる媒体から、「組織を変えていくこと」に対する負の感情を50個集めてください。漏れがなくダブりなく整理し、パターン分けして分類してください。

　どのような不安や難しさがあるのかを、解像度高く捉えるとき、どんな商品やサービスが必要なのかも見えてくるはずです。

　今回ご紹介したペルソナのニーズを深く理解する方法は、一般消費者向けのサービスの開発や改善に使えるだけでなく、一般消費者向けのサービスを展開している法人を顧客とするサービスでの提案にも活用できるはずです。

　顧客の顧客を深く理解することが、顧客に対するソリューション提案の前提となるからです。

AIに
アイデア出しを
手伝ってもらう

新しいビジネスを形にするために必要なこと、それは数多くのアイデアを出し、そしてそれを評価すること。「AIはクリエイティブな作業は苦手」というイメージがつきものですが、昨今のAIはこのような企画立案でも大活躍します。

ChatGPT4.0　Lv ★★☆☆☆

多様な属性のペルソナに アイデアを出してもらう

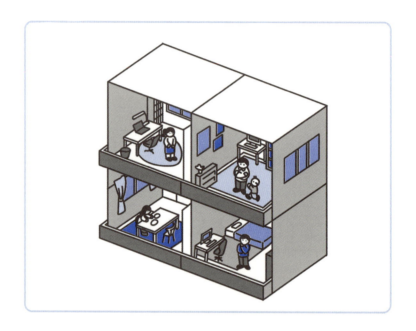

多様なアイデアを出す

　新しい商品や事業につながるアイデアは、ほんの一握り。

　まずはたくさんのアイデアを出すことが重要です。人間は一つのアイデアを捻出するのにも苦労することがありますが、AIは「オンラインでビジネスに関する知識やノウハウについて学べるサービスを考えています。30個アイデアを出してください」などと指示を出せば一瞬で考えてくれます。

しかしそれでは、精度の低いアイデアが出てくる事が多いです。これはユーザーのニーズが定まっていないからです。すでに明確な顧客が決まっている場合は、そのまま、AIに聞いてみればOKです。

　また大きな方向性はあっても具体的なペルソナが定まっていないことも少なくないでしょう。そういうときは多様な属性の人から話を聞きたいものです。 AIに頼めば多様な属性の人のペルソナを作ることは簡単です。どうせだったら、そのペルソナ自身にほしいサービスを企画してもらったらどうでしょう。普通はこのリサーチだけでお金が掛かるようなお願いですが、AIなので何の問題もありません。

多様な属性のペルソナが集まる架空企画会議を開催するプロンプト

　まずはChatGPTにこんなプロンプトを与えてみます。

> **PROMPT**
>
> #指示
> 4人の年齢・性別・属性が異なるペルソナを作成してください
> 年齢:
> 性別:
> 職業:
> 居住地:
> 家族構成:
> 年収:
> 行動・価値観:

　するとすぐに4名の方を生成してくれました。

Answer

以下に、年齢・性別・属性が異なる4人のペルソナを作成しました。

年齢: 28歳
性別: 女性
職業: IT企業のプログラマー
居住地: 東京都渋谷区
家族構成: 独身、一人暮らし
年収: 550万円
行動・価値観: キャリア志向が強く、新しい技術に常に興味を持っている。休日はテックカンファレンスに参加したり、オンライン学習でスキルを磨いたりしている。環境問題にも関心が高く、できるだけエコな生活を心がけている。

年齢: 42歳
性別: 男性
職業: 中学校教師
居住地: 神奈川県横浜市
家族構成: 妻(40歳)、息子(10歳)、娘(7歳)の4人家族
年収: 650万円
行動・価値観: 教育熱心で、生徒一人一人の可能性を引き出すことに情熱を注いでいる。家族との時間を大切にし、週末は子どもたちと体を動かして遊ぶことが多い。地域のボランティア活動にも積極的に参加している。

年齢: 65歳
性別: 女性
職業: 定年退職した元銀行員
居住地: 京都府京都市
家族構成: 夫(67歳)と2人暮らし、息子2人は独立
年収: 年金収入300万円

行動・価値観: 旅行と園芸が趣味で、夫婦で国内外の名所を巡ることを楽しみにしている。地域の高齢者サークルで書道を教えるなど、活動的な生活を送っている。健康維持のため、毎朝ウォーキングを欠かさない。

年齢: 35歳
性別: 男性
職業: フリーランスのグラフィックデザイナー
居住地: 北海道札幌市
家族構成: パートナー(33歳、同性)と同居
年収: 420万円(変動あり)
行動・価値観: クリエイティブな仕事に情熱を持ち、常に新しい表現方法を模索している。LGBTQ+コミュニティの権利擁護活動にも参加。自然を愛し、週末はパートナーと近郊でキャンプを楽しむことが多い。

これらのペルソナは、それぞれ異なる年齢層、職業、生活環境、価値観を持つ人物像を表現しています。さらに詳細な情報や、別の特徴を持つペルソナが必要な場合は、お知らせください。

それでは、この4名のペルソナに商品企画を考えてもらいましょう。今回はコンビニスイーツの新商品開発にチャレンジです。

PROMPT

「首都圏郊外を主戦場とするコンビニで発売する新スイーツ」を考える企画会議に4人のペルソナが参加します。
4人がそれぞれ自分のニーズや経験に即して、どんなサービスがあったらいいかアイデアをそれぞれ1つずつ出します。
誰がそのアイデアを書いたか、なぜそのアイデアを書いたのかも明記してください。

Answer

承知しました。4人のペルソナそれぞれが「オンラインでビジネスに関する知識やノウハウについて学べるサービス」についてのアイデアを3つずつ出す場合、以下のようになると考えられます：

1. 28歳、女性、IT企業のプログラマー
忙しい生活の中でエコで健康的な選択肢を求めています。シンプルかつ手軽に楽しめるスイーツに興味があります。
【カフェイン入りスイーツバー】
理由：テックカンファレンスや勉強で忙しい彼女にとって、エナジー補給ができるカフェイン入りのバータイプスイーツは便利な存在です。仕事の合間に手軽に食べられる点もポイントです。

2. 42歳、男性、中学校教師
家族と一緒に楽しめるスイーツや、教育的な要素を含んだアイデアを考えています。
【親子で楽しめるスイーツキット】
理由：週末に家族で楽しめる手作りスイーツキットを提案しました。親子で一緒に簡単にスイーツを作れることで、家族の時間をより充実させたいと考えています。

3. 65歳、女性、定年退職した元銀行員
健康志向であり、日々のウォーキングの際に気軽に楽しめるスイーツを考えています。
【小分けパックのもちもちデザート】
理由：少量で満足できるもちもちとした食感のデザートを好み、家族や友人とシェアもしやすいように個包装されているスイーツを提案しました。

4. 35歳、男性、フリーランスのグラフィックデザイナー
見た目の美しさやインスタ映えする要素を重視し、クリエイティブな発

想を取り入れたスイーツを考えています。
【ハンドメイド風デザインのパッケージ】
理由: 見た目の工夫を感じられるパッケージデザインにこだわり、開ける瞬間から楽しめるようなスイーツを提案しました。パートナーと楽しむ際にも話題になることを期待しています。

以上、それぞれのペルソナが生活環境や価値観に基づいて提案したアイデアをまとめました。これにより、各ターゲット層のニーズを具体的に反映した新スイーツの企画を検討することができます。

具体的なコンテンツのアイデアがたくさん出てきました。「65歳、女性、定年退職した元銀行員」のようなペルソナがいることで、多様なアイデアが生まれています。

それではこのペルソナの方に追加で質問することで、さらに企画の解像度を上げてみましょう。

PROMPT

「65歳、女性、定年退職した元銀行員」の方に以下の質問に答えてもらってください。
「小分けパックのもちもちデザート」のプロモーションで、どういったアプローチがあれば欲しい、または周囲にオススメしたいと感じますか？
優先順位をつけて3個答えてください。
理由も付けてください。

Answer

1. シニア世代向けの健康面を強調したアプローチ
- 理由: 健康を意識しているため、低カロリーや低糖質、無添加などの健康面に配慮された内容であれば、安心して購入できると感じます。また、夫や友人に勧める際にも、健康志向が伝わると紹介しやすいです。特に年齢層に配慮した成分が含まれているとさらに購入意欲が高まります。

2. 食べやすいサイズ感とシェアできる楽しさの強調
- 理由: 友人とシェアしやすいサイズ感や個包装であることが魅力的です。シニア世代では、友人とお茶をしながら楽しむ機会も多く、気軽に持ち寄ってシェアできる点を強調すると魅力を感じます。さらに、持ち運びしやすいパッケージだと、ウォーキングや外出時にも気軽に持参できるので便利です。

3. 素材や製法の品質アピール
- 理由: 素材や製法の質が高いことが伝わると、安心して購入しやすくなります。例えば、「手作り感」や「厳選素材」といった表現があると魅力を感じます。また、作り手のこだわりや素材の出所がわかると、より信頼が高まり、周囲にも自信を持って勧めたいと思います。特に日本各地の名産素材などが使われていると、その地域の味を楽しむことができ、購入意欲がさらに高まります。

　AIにペルソナを作成してもらうまでは想像もしていなかった「元銀行職員」の方のニーズが高い解像度で見えてきました。
　さらにサービスの内容について答えてもらいましょう。

　このようにAIはとてもすばやく具体的な状況をシミュレーションすることができます。これはあくまで仮説にすぎません。
　しかしAIが生成したものの中から実現性のあるビジネスの種を見つけることもできるはずです。

ChatGPT4.0　Lv ★★★☆☆

オズボーンのチェックリストで、リソースを活かしたアイデアを考える

CHAPTER 3　AIにアイデア出しを手伝ってもらう

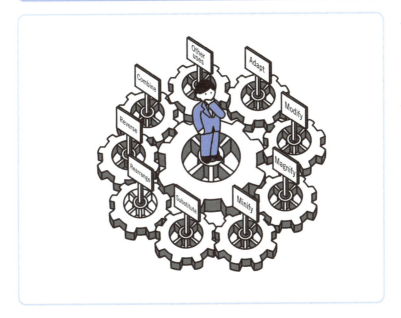

オズボーンのチェックリストとは

　アイデアを出す方法は、ペルソナのニーズ起点で発想することだけではありません。自分たちの持っているリソースの捉え方を変えることで、新しい発想が生まれます。リソースの捉え方を変える方法としてメソッドとして有効なのが「オズボーンのチェックリスト」です。「オズボーンのチェックリスト」は、ブレインストーミングの親であ

るアレキサンダー F. オズボーン氏が発想法として考え出したものです。アイデア出しの対象やテーマを決め、チェックリストの項目のそれぞれに対してアイデアを出していきます。チェックリストには9項目あります。

オズボーンのチェックリストを活用したプロンプト

それでは、9つのチェックリストを使ってアイデア出しをしてみましょう。今回は市場規模が小さくなっている「旅行業界」という事例にしていますが、具体的にご自身のサービスや商品について入力することがおすすめです。

> **PROMPT**
>
> #指示
> あなたはクリエイティブなコンサルタントです。
> #オズボーンのチェックリスト を活用して、#サービス をもとにその改善やそのリソースを活かした新サービス開発のアイデアを考えてください。
>
> #オズボーンのチェックリスト
> 1.転用(Other uses)
> 2.適合・応用(Adapt)
> 3.変更(Modify)
> 4.拡大(Magnify)
> 5.縮小(Minify)
> 6.代用(Substitute)
> 7.再配置(Rearrange)
> 8.逆転(Reverse)
> 9.結合(Combine)

#サービス
コロナ禍を経て、以前のような盛況さを取り戻しつつある旅行業界

このプロンプトに対して、ChatGPTは以下のように回答しました。

Answer

1. 転用（他の使い方を探す）
オンラインイベントとして活用：観光地や宿泊施設の良さをオンラインで紹介するイベントを開催し、自宅から気軽に観光を楽しんでもらいます。たとえば、風景や文化をライブ配信し、旅行気分を味わえるようにします。

2. 適合・応用（他のものに応用する）
健康をテーマにした旅：自然の中でリラックスしながらヨガや瞑想を楽しむ「癒しの旅」を提供します。心身ともにリフレッシュできる時間を作ります。

3. 変更（新しい角度で変えてみる）
季節に合わせた特別ツアー：四季を楽しむツアーを企画します。秋なら紅葉ウォーク、冬なら雪景色を楽しむ旅など、その季節ならではの景色を体験できる旅です。

4. 拡大（大きく広げる）
ゆったり長めの旅行：長期滞在型の「深く知る旅」を提供し、1週間以上かけてその土地の生活や文化にじっくり触れることができるプランを作ります。

5. 縮小（短くまとめる）
体験をコンパクトに：お土産作りや料理教室など、短時間で地元の文化を楽しめる小さな体験プランを提供します。

6. 代用（何かを入れ替える）
観光バスの代わりに電動バイク：自由度を増やすために、電動バイクを貸し出し、自分のペースで観光地を巡れるサービスを提供します。

7. 再配置（配置を変えてみる）
仕事と観光を合わせたワーケーション：観光地で働きながら観光を楽しめるように、リラックスできるワークスペースを提供し、仕事の合間に観光もできるプランにします。

8. 逆転（逆の発想で考えてみる）
観光客がガイド役に：旅行者が自分の知識を使って他の旅行者を案内するユニークなツアーです。ツアー中に自分がガイドとして現地の良さを紹介します。

9. 結合（組み合わせてみる）
観光と買い物を組み合わせる：地域の職人やアーティストの作品を直接買える「ショッピングツアー」を提供し、現地でしか手に入らない品を購入できる機会を作ります

長期滞在向けの旅行、自由度を増やすために電動バイクをレンタルなど、ありそうでなかった新しい着眼点を得ることができます。

さらに一工夫

商品やサービスに応じて、どのチェック項目と相性がいいかは異なります。相性がよさそうな項目を見つけたら、仕切り直して聞いてみ

ることもおすすめです。

> **PROMPT**
>
> あなたはクリエイティブなコンサルタントです。
> #チェック項目 を活用して、#サービス をもとにその改善やそのリソースを活かした新サービス開発のアイデアを多角的な切り口から5個考えてください。
>
> #チェック項目
> 8.逆転（Reverse）：逆（正反対）にできないか？ 後方（前方）に移動できないか？ 役割を逆にできないか？ターンできないか？反対側に向けられないか？マイナスをプラスにできないか？
>
> #サービス
> コロナ禍以降、以前のような盛況さを取り戻しつつある旅行業界

ChatGPT4.0 Lv ★★★☆☆

Idea 3 リフレーミングで認知バイアスを乗り越える

リフレーミングとは

　新しいアイデアを出すために大切なことは、常識の枠を外して考えることです。そこで大切なのが「リフレーミング」です。**リフレーミングとは、「物事の枠組みを変え、違う視点から見ること」**を表す心理学用語で、ビジネスの分野でも注目されています。一部の人からしか興味を持たれない商品ジャンルも、捉え方を変えれば、熱量の高い顧客がおり、他社の参入が少ないブルーオーシャンのマーケットかもしれ

ません。

　オズボーンのチェックリストも広い意味ではリフレーミングの一種とも言えますが、他にもたくさんのリフレーミングの手法があります。

　その一つが宇宙人の視点から見てみるというものです（笑）。

　今回は「傘」をテーマにしてみました。あらゆる技術が進歩する中で、未だにあの形状、あの方法でしか個人が雨をしのぐ方法はないのでしょうか？ 宇宙人なら解決してくれるかもしれません。

> **PROMPT**
>
> #指示
> あなたは遠い銀河から来た地球人とは全く別の高度な文明をもった宇宙人です。
> あなたは、生まれてはじめて、#サービス を見ました。#サービス についてどう思いましたか？
> 宇宙人の視点から、素朴な疑問を出してください。
>
> #制約条件
> 宇宙人は例えば以下のような疑問を抱く傾向があります
> ・なぜ今の形、使い方、ルールなのだろうか。
> ・今とは別の形、使い方、ルールではいけないのか。
> ・今の形、使い方、ルールは、誰にとっての基準なんだろうか。
>
> #サービス
> 傘

　ChatGPTは以下のように回答してくれました。

Answer

私は遠い銀河から来た高度な文明を持つ宇宙人であり、生まれて初めて「傘」という地球のサービスを見ました。この奇妙で面白いオブジェクトに対して、いくつか素朴な疑問を抱かざるを得ません。

なぜ今の形なのか？
なぜ「傘」は頭上に広げて持ち歩くような、円形または半球形の形状であるのだろうか？もっと空間に適応した形、たとえば全身を覆う球体のような形ではいけないのか？

なぜ片手を使って操作するのか？
なぜ「傘」を使うために片手をふさがなければならないのだろうか？人類は二本の腕があることを前提にしているのかもしれないが、すべての生物にとって便利な仕様なのか？

防ぐ対象は本当に「水滴」だけでよいのか？
なぜ傘は水滴からしか守らないのだろうか？他の気象条件、例えば強風や温度変化からも保護できるものが考慮されていないのはなぜ？

なぜ色やデザインが多種多様なのか？
傘にはさまざまな色や模様があるようだが、これは何を目的にしているのだろうか？視覚的な楽しみのためか？それとも文化的・個人的なアイデンティティを示すためなのか？

壊れやすい理由は？
なぜ傘は比較的簡単に壊れてしまうような構造を持っているのか？人間の技術力をもってすれば、より耐久性の高いものを作ることができるのではないか？

このような疑問を持ちながら、このサービスが地球上で果たす役割を理解しようとしています。

あまりにも当たり前なので普段考えていませんが、言われてみればなるほど、という観点を出してもらえました。この疑問に普通に答えてもらっても、事実に基づいた当たり前の回答が来てしまいます。これらの疑問をもとに新サービスの企画を考えもらいましょう。

> **PROMPT**
>
> 先ほど出していただいた素朴な疑問にもとづいて、新しいビジネスのアイデアを考えてください。
> 傘という形にこだわる必要はありません。

> **Answer**
>
> ①肩掛け型「サイドカバー付き」傘
> アイデアの概要：通常の傘に、雨が吹き込みやすいサイドに透明なサイドカバーを追加し、肩やバッグが濡れるのを防ぐ設計。
> 特徴：傘の両サイドにクリアな素材を使ったカバーが垂れ下がる仕組みで、サイドからの雨の吹き込みを防止。
> 透明カバーなので視界が遮られず、安全に使用可能。
> カバーはマジックテープで簡単に着脱可能で、晴れの日には通常の傘として使える。
> ターゲット：通勤者、買い物帰りの人、手荷物が多い人。
>
> ②「フリーハンド傘」アタッチメント
> アイデアの概要：傘を片手で持たずに使えるようにするアタッチメント。肩やリュック固定することで、両手が自由になるため移動時に便利。
> 特徴：傘の持ち手をベルトやバックパックのショルダーに取り付けるためのアタッチメント付ベルト。
> どんな傘にも対応できる調整可能なクリップ付きで、固定したまま角度を変えられる。

混雑したエリアで、両手を使って安全に移動できるメリット。
ターゲット：両手を使いたい通勤・通学者、ベビーカーを押す保護者、荷物が多い人。

③「ヘアガードフード」レインコート
アイデアの概要：髪型を保ちながら雨を防ぐために、フード部分に固めの立体構造を採用したレインコート。フードが頭部に触れずに形をキープすることで、髪が崩れる心配がありません。
特徴：立体フード設計。フードには軽くて丈夫なフレームやボンディング素材が使われており、しっかりした形状を保ちます。フードの内側に空間ができるよう設計されているため、髪型が崩れることなく雨から保護。
フードの前方部分は少し広めにデザインされており、顔周りにも空間があるため、湿気がこもりにくく、視界も遮られません。
ターゲット：髪型を気にするビジネスパーソンや女性、雨の日でもスタイリッシュで快適に過ごしたい人々。

　実現性を度外視しても、意外と未だに出ていないアイデアが生まれてきました。

さらに一工夫

　今回は宇宙人になって考えてもらうというややトリッキーな方法を使いましたが、もっと直球なアプローチも可能です。

> **PROMPT**
>
> これまでとは全く異なる発想で「傘」に変わる雨をしのぐサービスを3個考えてください。

私たちは常識を相対化することが難しいですが、AIにはそれが可能です。私たちが常識に縛られているということは、まだ多くの人が気づいていない可能性があるということであり、ビジネスにとってはチャンス。

　AIを活用して人間の認知バイアスを越えることで、そのチャンスを得ることができるはずです。

ChatGPT4.0　Lv ★★★☆☆

ゲーミフィケーションで既存のサービスを作り変える

ゲーミフィケーションとは

既存のサービスを企画・改善する上で有効な手法があります。それが「ゲーミフィケーション」です。

これは「ゲームを本来の目的としないサービス等にゲーム要素を応用することで、利用者の意欲の向上やロイヤリティーの強化を図ること」で、マーケティングや組織開発などの領域で注目されている手法です。

ゲーミフィケーションの基本要素とは、

1. 目的
利用者に起こしてほしい行動を明確にする。

2. クエスト
目的が明確になったら、「クエスト」のイメージで利用者に目的の行動を取ってもらうための方法を考える。クエストは簡単なものから時間のかかるものまで段階的に設定し、難度に応じた報酬を用意すると効果的です。

3. 報酬
報酬の内容と報酬をもらうための客観的な基準を設定し、クエストと一緒に発表する。

4. 可視化
クエストの達成状況を可視化する。ランキング形式にすること、達成状況が常に更新されることなどが、モチベーションを喚起する上で重要です。

それでは、この手法を使ってサービスを企画・改善してみましょう。今回はダイエットをテーマにアプリ開発をしてみます。

ゲーミフィケーションを活用した
アイデア発想を実行するプロンプト

PROMPT

#指示
あなたは優秀なスマホアプリ開発者です。#ゲーミフィケーション の手法を使って、#ニーズ を達成する新サービスを企画してください

#制約条件
・ゲーミフィケーションとは、「ゲームを本来の目的としないサービス等にゲーム要素を応用することで、利用者の意欲の向上やロイヤリティーの強化を図ること」で、マーケティングや組織開発などの領域で注目されている手法」です。
・ゲーミフィケーションの基本要素とされているのは下記の要素です。
①目的　利用者に起こしてほしい行動を明確にする。
②クエスト　目的が明確になったら、「クエスト」のイメージで利用者に目的の行動を取ってもらうための方法を考える。クエストは簡単なものから時間のかかるものまで段階的に設定し、難度に応じた報酬を用意すると効果的。
③報酬　報酬の内容と報酬をもらうための客観的な基準を設定し、クエストと一緒に発表する。
④可視化　クエストの達成状況を可視化する。ランキング形式にすること、達成状況が常に更新されることなどが、モチベーションを喚起する上で重要。
その他よいアイデアがあれば、他のゲーム要素を応用してください。

#ニーズ
夏までに30代女性の平均体重になりたい！

すると、こんなアプリの設計をしてくれました。
アプリのプレビューも併せて提案してくれています。

Answer

スマートフォンアプリ「Beauty Quest」の企画を提案させていただきます。アプリの主要機能を以下のようにゲーミフィケーションの要素に沿って設計しました

①目的
30代女性の平均体重（約55kg）までの減量達成
健康的な生活習慣の定着

②クエスト設定
・デイリークエスト
朝食の写真撮影と記録
毎日の運動（ストレッチ、ウォーキング）
就寝前2時間以降の食事制限
・ウィークリークエスト
週間目標体重の達成
週3回以上のエクササイズ
連続記録達成

③キャラクター育成
自分の分身となるアバターの成長
体重減少に連動したビジュアル変化

④報酬システム
Experience Points (XP)の獲得
Beauty Levelの上昇
限定アバターやアイテムのアンロック
実際の商品クーポン（提携企業から）

⑤可視化要素

リアルタイムの進捗グラフ表示
Beauty Level(レベルシステム)
ランキングボード(同年代・同地域)
アチーブメントバッジのコレクション

追加のゲーム要素:
ソーシャル機能
フレンド機能
グループチャレンジ
応援・いいね機能

プレビュー

このようなゲーム要素を組み込むことで、楽しみながら継続的なダイエットを実現できる設計となっています。

さらに一工夫

ChatGPT、Gemini、Claudeなどでアイデアを出してもらいましたが、すべて掲載事例と同じようなRPGに着想を得たアイデアでした。もっと別のアイデアはないのでしょうか。そこでこんなプロンプトを考えてみました。

PROMPT

RPG以外のゲームから着想を得て、「夏までに30代女性の平均体重になりたい！」を叶えるサービスを考えてください。
その際どんなジャンルのゲームを参考にしているかも明記してください。複数のジャンルのゲームを掛け合わせても問題ありません。

Answer

『WEIGHT TETRIS』
参考ゲームジャンル：パズルゲーム × カスタマイズゲーム

特徴：
1週間を7列のグリッドで表示
食事と運動がテトリスのブロックとして落ちてくる
ブロックの大きさは摂取カロリーや運動量を表現
理想的な組み合わせで「ライン消去」

ゲーミフィケーション要素：
目的：1週間単位での理想的な生活習慣の構築
クエスト：完璧な1週間のスケジュール達成
報酬：特殊ブロック（時間制限解除など）の解放
可視化：生活習慣をブロックの配置として表現

ChatGPT4.0　Lv ★★★☆☆

制約を活かしてアイデアを出す

AIにとって制約は跳躍台になる

　これまで実現可能性は度外視して、まずは無制限にアイデアを出す方法をご紹介してきました。しかし実際のビジネスはそんなに甘いものではありません。下記のような制約があります。

・顧客のニーズに合った企画か
・自社の現場にフィットする企画か

- すでに類似のものが世の中に出ていないか
- 決定権者にフィットする企画か（クライアントや上司による予算や方向性などの「しばり」から外れていないか）

これらの制約すべてに適合する企画を考えるのは骨が折れますが、AIに頼むことは簡単です。

しかも制約なしに指示を出すより、制約があった方が逆に好都合かもしれません。何の制約もないとAIは月並みなアイデアしか考えられないからです。具体的に何を解決すればいいのか、問題設定が明確な方がAIの精度は上がるのです。

今回は「電車×スキルアップ」というテーマでプロモーション企画を考えてみます。

複数の制約があるケースで企画を考えるためのプロンプト

PROMPT

#指示
あなたはプロモーション会社のマネージャーです。顧客であるIT企業から新サービスのプロモーション企画を依頼されました。
#制約 のすべてをクリアする企画を2つ考えてください

#制約
・顧客のニーズに合った企画か
顧客のニーズは「電車の空き時間で楽しくビジネススキルを学べるスマホアプリ」の新規ユーザーを増やすことです。そのプラットフォームは、ビジネスパーソンおよびビジネスに関心のある学生を対象にしています。

- 自社の現場にフィットする企画か
自社のスタッフは、動画制作とSNSは得意ですが、リアルイベントの企画・運営などは苦手です。

- すでに類似のものが世の中に出ていないか

- 決定権者にフィットする企画か
今回クライアントの予算は2000万円です。
クライアントの要望は、大きなインパクトを与え、「面白い」「楽しい」と思ってもらえるプロモーションにすることです。

その結果、出てきた回答が下記になります。

Answer

#企画1:「通勤電車でビジネスヒーロー」キャンペーン
予算:800万円
概要:
・人気声優を起用した短尺アニメCM制作(電車内デジタルサイネージ用)
・主要駅のデジタルサイネージでアニメCMを放映
・SNSで展開する関連ミニゲーム(通勤時間にクイズに答えてポイント獲得)

メリット:
動画制作が得意な自社スタッフの強みを活かせる
通勤・通学者への直接的なアプローチが可能
アニメ×ビジネス学習という新しい切り口で差別化

#企画2:「ビジネススキルチャレンジ」インフルエンサーリレー
予算:600万円

> 概要：
> 著名なビジネスパーソンやクリエイターによるチャレンジリレー
> 電車での移動時間中にアプリで学習→成果報告の様子を動画化
> TikTokやInstagramでバイラル展開
>
> メリット：
> SNSに強い自社スタッフの経験を活用
> インフルエンサーのファン層への訴求が可能
> オーガニック拡散が期待できる
> これらのプロモーション企画は、制約を考慮しつつ、最大限の効果を狙う構成になっています。

　低予算でインパクトを与えるという難しい課題に、SNSに強みがあり、リアルイベントに弱いという現場の特性を活かしつつ、ユーザ参加型企画など、魅力的なアイデアを出してくれています。

ChatGPT4.0 Lv ★★★☆☆

アイデアを形にする

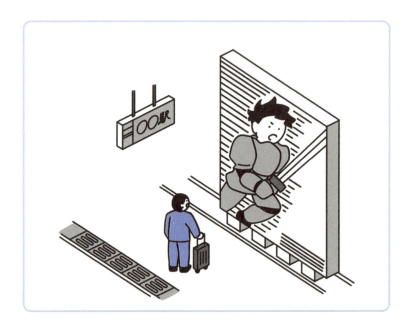

アイデアを具体化してみる

アイデアを思い描いたら、それを具体的な形にしてみるのが重要です。前項でAIが出してくれた「通勤電車でビジネスヒーロー」キャンペーンを具体化してみましょう。

次のようなプロンプトで投げかけてみます。

PROMPT

#指示
下記の企画を5W1Hを使ってできるだけ具体的な形にしてください。
「通勤電車でビジネスヒーロー」キャンペーン

#企画1:「通勤電車でビジネスヒーロー」キャンペーン
予算:800万円
概要:
・人気声優を起用した短尺アニメCM制作(電車内デジタルサイネージ用)
・主要駅のデジタルサイネージでアニメCMを放映
・SNSで展開する関連ミニゲーム(通勤時間にクイズに答えてポイント獲得)

メリット:
動画制作が得意な自社スタッフの強みを活かせる
通勤・通学者への直接的なアプローチが可能
アニメ×ビジネス学習という新しい切り口で差別化

さて、どんな形で具体化してくれるでしょうか。

Answer

「通勤電車でビジネスヒーロー」キャンペーンの具体的な実施計画を5W1Hで詳細に説明させていただきます。

WHO(誰が)
実施主体:
- クライアント企業
- プロモーション会社(自社)
- 起用タレント:
  * 人気声優:花江夏樹／早見沙織クラスの知名度の高い声優
  * ナレーション:若手ビジネスパーソンに人気の声優を起用

ターゲット：
- メイン：25-35歳のビジネスパーソン
- サブ：就活を控えた大学生

WHAT（何を）
1. アニメCMシリーズ制作
- 15秒×5パターンの短尺アニメーション
- テーマ別エピソード

2. デジタルサイネージ展開
- 電車内サイネージ
- 駅構内大型ビジョン
- 駅構内デジタルポスター

WHERE（どこで）
展開場所：
- JR/地下鉄主要路線
  * その他ビジネス街を通る主要路線
- 主要ターミナル駅

WHEN（いつ）
実施時期：
- キャンペーン期間：2ヶ月間
- タイミング：4月（新入社員シーズン）または9月（就活開始シーズン）
- 放映時間帯：
 * 平日朝：7:00-10:00
 * 平日夕：17:00-22:00

WHY（なぜ）
目的：

- 新規ユーザー獲得
- アプリの認知度向上
- 通勤・通学時間の有効活用を促進

HOW（どのように）
実施方法：
1. プリプロモーション期間（2週間）
- SNSティザー投稿
- インフルエンサーによる事前告知
- プレスリリース配信

2. メインキャンペーン期間（2ヶ月）
- アニメCM放映スケジュール
  * 週替わりでエピソード切り替え
  * 時間帯によるコンテンツ最適化

予算配分（800万円）
- アニメーション制作費：400万円
  * 企画・脚本：50万円
  * アニメーション制作：250万円
  * 声優起用費：100万円
- メディア出稿費：300万円
  * 電車内サイネージ：150万円
  * 駅構内ビジョン：150万円
- SNS施策運営費：100万円
  * ゲームシステム開発：50万円
  * 運営・管理費：30万円
  * インフルエンサー起用費：20万円

KPI設定

- 新規アプリダウンロード数：10万件
- SNSエンゲージメント率：5%以上
- キャンペーン認知度：対象者の40%以上
- デイリーアクティブユーザー増加率：50%増

この企画は、通勤・通学時間という具体的なシーンに焦点を当て、アニメーションという親しみやすい形式で、ビジネススキル学習をエンターテインメント化することで、若手ビジネスパーソンの心理的ハードルを下げ、自然な形でアプリの利用を促進することを目指しています。

▲これはビジュアルのイメージです。

　このように、内容から予算配分、キャンペーンをどこでいつまで行うかまで、具体的な施策を提案してくれます。
　すべてがこの通りに行くかは別として、通常ここまでの落とし込みを行うまでの工数と時間を考えれば、遥かに早く企画に落とし込むことが出来るはずです。

ChatGPT4.0 Lv ★★★☆☆

アイデアを評価する

プロコン表でアイデアを評価する

　アイデアを出したら、そのアイデアが実際に使えるかどうかを評価することが重要です。上司に見せる前に、まずはAIと壁打ちしてみましょう。

　まずは、プロコン表というシンプルなフレームワークを使ってみましょう。プロコン表は、ラテン語の「pros（賛成の）」と「cons（反対の）」といった2つの言葉を組み合わせたもので、テーマに対して賛成意見と

反対意見を分かりやすく一覧にするために使われます。

PROMPT

#指示
以下の企画に対して、まず賛成意見を3個出してください。
それらをプロモーションを成功させるために重要度が高い順に並べ、なぜ重要度が高いと判断したのか理由も表に記載してください。

次に、同じ企画に対して、反対意見を3個出してください。
それらをプロモーションを成功させるために重要度が高い順に並べ、なぜ重要度が高いと判断したのか理由も表に記載してください。

#企画
「通勤電車でビジネスヒーロー」キャンペーン
以下、95〜98ページのAnswerを入力

すると、忌憚(きたん)のない意見が出てきます。
上司に提案する前に、想定される反対意見を潰すのにも役立ちます。

Answer

以下に、「通勤電車でビジネスヒーロー」キャンペーン企画に対する賛成意見とその理由、反対意見とその理由を、重要度が高い順にまとめた表を示します。

賛成意見
1 ターゲット層(通勤・通学者)に直接的にリーチできる
・プロモーション対象者に確実に露出できる
・電車内という「学習時間の確保」という課題解決の場面で訴求できる
・繰り返し接触により認知向上が期待できる

2 アニメ×ビジネス学習という新規性の高い切り口
・若手ビジネスパーソンの興味を引きやすい
・競合との差別化が明確
・SNSでの話題化が期待できる

3 動画とSNSを組み合わせた統合的なプロモーション
・複数のタッチポイントでの接触が可能
・オンライン・オフラインの相乗効果が期待できる
・予算内で効率的な展開が可能

反対意見
1 アニメ表現がビジネス学習の真面目さを損なう可能性
・ターゲット層がサービスの信頼性や効果を疑問視する可能性
・企業のブランドイメージへの悪影響のリスク
・実際の学習効果への不信感

2 電車内という限られた環境での展開
・地方在住者や在宅勤務者へのリーチが難しい
・昨今の働き方改革による通勤者数の減少
・季節や時間帯による効果の変動

3 キャンペーン終了後の継続的な効果が不透明
・一時的な盛り上がりで終わる可能性
・長期的なユーザー維持が困難
・次の施策へのスムーズな移行が課題

さらにひと工夫

　アイデアが形になってきたら、それと似たアイデアの企画がこれまで存在しなかったか調べることが重要です。

　しかし似ている企画があったらそのアイデアを捨てる必要があるわ

けではありません。

別の業界、別のサービスでしたら、似たようなプロモーションの企画を行っても問題はありません。むしろすでに実現された企画を調べることで、その効果を検証したり、すぐれたやり方を学ぶこともできるでしょう。

自分のアイデアととても似ているものがあった場合は、どうしたら違った印象の企画にできるか、考えてみると、さらに企画が面白くなるかもしれません。

従来の検索エンジンではキーワードをベースに検索をしていたので、コンセプトの類似性で検索をする、といったことはほとんど困難でした。しかし検索エンジンとAIが掛け合わさったChatGPTや、Perplexityを使えば、数十行からなる企画の概要を使って、それと類似した企画を検索することも可能なのです。

下記のようなプロンプトで、ネット上にある類似したアイデアの確認ができます。

PROMPT

以下のプロモーション企画に類似した実際の企画をWEB上から探して、3個URL付きでリストアップしてください。

企画「通勤電車でビジネスヒーロー」
キャンペーン予算：800万円
概要：人気声優を起用した短尺アニメCM制作（電車内デジタルサイネージ用）
主要駅のデジタルサイネージでアニメCMを放映
SNSで展開する関連ミニゲーム（通勤時間にクイズに答えてポイント獲得）

Answer

ファミリーマート「ファミペイ限定 毎日挑戦ゲーム」
概要：公式アプリ「ファミペイ」内で、1日1回挑戦できるゲームを実施し、最大10万円相当のファミペイボーナスが当たるキャンペーン。
URL: https://www.family.co.jp/campaign/spot/2411_famipay-game_cp.html

サントリー「THE STRONG 天然水スパークリング」と「ストリートファイターⅡ」のコラボARゲーム
概要：商品ボトルにスマートフォンをかざすと、無料で何度もプレイできるARゲームが楽しめるキャンペーン。
URL：https://www.suntory.co.jp/softdrink/news/pr/article/SBF1274.html

コカ・コーラ「い・ろ・は・す」体験型キャンペーン
概要：商品購入後、ラベルの二次元コードを読み込むと、ブロックを獲得し、参加者同士でオブジェを作成。ブロック1個につき1円が環境保護団体に寄付される仕組み。
URL：https://c.cocacola.co.jp/ilohas/sustaina2023/tw_index.html

このように、実際のキャンペーン事例を参考に、AIの検索力を活用することで、類似アイデアの発見や新たな視点の追加が容易になります。

また、既存アイデアとの違いを考えることで、独自性のある企画を生み出す手助けとなる点も有用な点です。このアプローチは効率的かつ革新的で、時間やコストの節約に繋がるのです。

CHAPTER 4

AIを戦略立案に活用する

AIには膨大なデータにもとづいた多角的な思考で、多様な選択肢を迅速に提示し、最適な行動を導き出す力があります。
どれほど魅力的なアイデアであっても、実行への道筋が見えなければ、机上の空論です。これまでフレームワークを使いこなして戦略を立てることは、一部のプロ以外には難しいことでした。でも、今はAIが9割やってくれます。

Claude Lv ★★★★☆

マンダラチャートで目標までのルートを考える

マンダラチャートとは？

あらためて「戦略」とは何でしょうか。最終的な目標を達成するためにとるべきアクションプランのことだと言えるでしょう。どうすればその目標を達成できるのか、全体像を見据えながら練り上げていく必要があります。

戦略を立てる上ですぐれたフレームワークがマンダラチャート（マンダラート）です。仏教の曼荼羅（マンダラ）模様のようなマス目を作

り、そのマス目一つ一つにアイデアを書き込むことで、アイデアの整理や拡大などを図り、思考を深めるツールです。投手と打者の二刀流で世界にはばたいた大谷翔平選手が、花巻東高校時代に使用していたツールとしても知られています。

9×9のマスで構成されるマンダラチャートの中心のマスには達成したい目標を書きます。そして、その周りの8つのマスに、それと関連するキーワードを書きます。そうすることで、中心にある目標を具体的な習慣やアクションにまで落とし込むことができるのです。

自分でマンダラチャートを作る場合は、合計81個のマスを埋める必要があります。端的にたいへんですし、はじめて挑戦することのプランを立てるわけですから、正しいアクションを設定できるか不安があります。だから、AIに頼るんです！

目標達成のためのアクションリストを考えるプロンプト

今回ご紹介するのは、事業内容と目標を設定すると、その目標を達成するまでのアクションリストを出してくれるプロンプトです。

今回は「都市部向けの菜園キットの販売・レンタルサービス」という設定で考えてみましょう。

PROMPT

#指示
#目標：#事業内容 の新規事業を5億円の売上の事業に育てる
達成期限：5年後

#事業内容
・都市部向け屋上菜園キット販売・レンタルサービス

・マンションやビルの屋上スペースを活用した、手軽に始められる家庭菜園キットの販売・レンタルサービスです。キットには、野菜の種、土、肥料、栽培に必要なツール、そして屋上環境に合わせた栽培ガイドなどが含まれています。

・ターゲット：都市部に住む人で、新鮮な野菜を自分で育てたい、緑のある生活を楽しみたい、屋上スペースを活用したい人
・現在の事業内容：野菜の種・苗の販売
・新規事業の着手状況：まだアイデア段階で何も着手できていません。

#条件
・8つのセクション: #目標 の達成に必要な要素を8つに分類して記述してください。
セクション1：
セクション2：
セクション3：
セクション4：
セクション5：
セクション6：
セクション7：
セクション8：
・各セクションの周囲: 各要素を達成するために必要な具体的な行動を8つ記述してください。

#出力形式
目標：
セクション1：
セクション2：
以下、セクション8：まで繰り返す

このプロンプトのポイントは、しっかりと事業のアイデアを伝えることです。それを伝えなければ、何にでも当てはまる曖昧な内容しか来ません。

なお、このプロンプトで出力されるのは9×9マスのチャートではなく、アクションリストですが、内容は変わりません。

今回は新しい事業で売上を達成するという目標を設定しました。目標は社員数を100名にする、ユーザー登録数を1万人にする、など明確なものにすることが重要です。

その結果出てきた回答が下記になります。

Answer

セクション1:市場調査とターゲットニーズの把握
・都市部のターゲット層(屋上スペースを活用したい層)のニーズと興味を調査。
・類似の家庭菜園キット販売・レンタルサービスの市場規模、競合分析を行う。
・屋上スペースでの野菜栽培に適した気候、条件などの情報収集。
　消費者が求めるサービス内容やデザイン、サポート体制についてヒアリング調査。
・新規事業対象の世帯収入、ライフスタイル、購買力などのデモグラフィック調査。
・過去の自社顧客層の傾向やフィードバックを分析。
・潜在顧客が普段利用する情報メディアやコミュニティを特定。
　ニーズに基づいたサービスコンセプトやパッケージの初期検討。

セクション2: サービス企画と商品開発
・基本的な菜園キット構成(種、土、肥料、ツール等)の具体的な仕様を設計。

- 都市部屋上環境を考慮した耐久性・安全性の高いキットのデザイン検討。
- 自然素材やオーガニック資材の使用など、環境に配慮した要素を企画に反映。
- 初期段階での試作品を開発し、ターゲット層に対するフィードバック収集。
- レンタルサービスの頻度、期間、費用に関するプランを構築。
 パッケージやマーケティングに使用するストーリーやビジュアルを策定。
- 栽培ガイドをデジタル化し、屋上ごとの環境に合わせたアプリ機能を検討。
- 消費者が求めるサポート(育成アドバイスなど)の形態を具体化。

セクション3: 法規制と許認可確認
- 屋上スペースを利用するための建築基準法、消防法などの規制を確認。
- 都市部における菜園関連の規制や認可が必要な自治体の調査。
 必要であればマンション管理組合やビルオーナーへの事前調整や許可申請方法の確認。
- 環境保護や安全性に関する規制に対応した資材を選定。
- 関連する保険加入についての調査(例えば、賠償責任保険など)。
- 種や肥料の販売・輸入に関する法的な制限や基準を確認。
- 屋上での設置に関わる安全基準を調べ、必要な対策を立てる。
- 法的なリスクが顧客側に及ばないよう、事前に契約書や説明資料を整備。

※これがセクション8まで続きます。

いかがでしょうか。それぞれのアクションリストは基本的な内容のものが多いですが、自力で81項目を作るとなるとなかなか骨が折れます。またこれをもとにAIや専用のマンダラチャート製作ツールを用いてマンダラチャートにしてもらうことできます。

　1つでもアクションが漏れたら目標を達成できないかもしれません。このようにアクションを整理し、吟味することが重要なのです。AIによってアクション内容の提案は微妙に変わりますので、Claude、Geminiなど多様なAIを使って出力された結果を比較してみましょう。

Strategy 2 アンゾフの成長マトリクスで成長戦略を考える

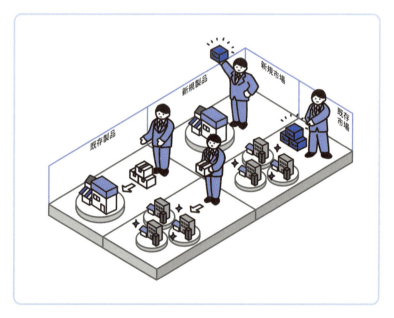

アンゾフの成長マトリクスとは

　現代では、経営を取り巻く環境が大きく変わることが少なくありません。成長を続けるためにはどのような戦略をとれば良いのか。そのヒントとなる考え方、フレームワークの一つが「アンゾフの成長マトリクス」です。

　「戦略的経営の父」とも呼ばれる経営学者、イゴール・アンゾフは、成長戦略に「製品（自社が提供する製品・サービス）」と「市場（対象となる個

人・組織）」という軸を立て、それをさらに「既存」と「新規」に分け、戦略を4種類に整理しました。

(1) 既存製品×既存市場：市場浸透戦略
(2) 新規製品×既存市場：新製品開発戦略
(3) 既存製品×新規市場：新市場開拓戦略
(4) 新規製品×新規市場：多角化戦略

　現在の自社の状況を分析しつつ、この4つの戦略をそれぞれ立てていくことが重要なのです。今回は大手ファミリーレストランで分析をしてみましょう。

事業戦略を考えるプロンプト

PROMPT

#指示
あなたは、経営戦略を設計する、プロフェショナルな経営コンサルタントです。

以下の#制約条件 と#出力形式 に従って、以下の#ビジネス に関して、既存の事業から、今後どのような「事業のアイデア」が考えられるか、を教えてください。

#制約条件
・一般的に用いられるフレームワーク「アンゾフの成長マトリックス」に基づいて、#ビジネス について「事業のアイデア」を検討します。
・「アンゾフの成長マトリックス」での検討には、4つの「戦略」で、「事業

のアイデア」を、それぞれ3個以上、考えます。
(1)既存市場のなかで、既存の製品・サービスによってシェアを拡大するための、さらに事業展開を考えるとしたら、具体的にどのような製品での展開が考えられますか。
(2)新規市場に、既存の製品・サービスを投入する事業展開を考えるとしたら、具体的にどのような製品での展開が考えられますか。
(3)既存市場のなかで、新しい製品・サービスでさらにシェアを拡大するための、事業展開を考えるとしたら、具体的にどのような製品での展開が考えられますか。
(4)新規の市場に、これまでにない新しい製品・サービスで事業展開を考えるとしたら、具体的にどのような製品での展開が考えられますか。
・検討は、具体的で、かつ、客観的、かつ、分かりやすく、説明の過不足がないようにしてください。
・出力は#出力形式 に基づいて行ってください。

#ビジネス
・飲食チェーン：(店名を入力する)
・コンセプト: 本格的なイタリア料理を提供する、カジュアルなファミレス。地元産の食材を使い、手作りのパスタやピザを提供。
・ターゲット顧客: 若い世代、カップル、友人同士など。
・メニュー: ナポリ風マルゲリータピザ、自家製ジェノベーゼパスタ、季節の魚介のパスタなど。
・店舗展開: 全国に1500店舗以上展開。

#出力形式
「アンゾフの成長マトリックス」は、表形式で、以下のような構成としてください。

(a)市場浸透戦略
[(1)の「事業のアイデア」を書く]

(b)市場開拓戦略
[(2)の「事業のアイデア」を書く]

(c)新製品・サービス開発戦略
[(3)の「事業のアイデア」を書く]

(d)多角化戦略
[(4)の「事業のアイデア」を書く]

　今回のプロンプトのポイントは、アンゾフの成長マトリクスをどのように活用して思考してもらうのか、制約条件のなかで明確に指定していることです。

Answer

アンゾフの成長マトリクス	事業のアイデア
(a)市場浸透戦略	- **会員限定サービスの導入**：リピート客向けの会員制度を導入し、ポイント付与や限定メニュー提供で、再来店を促進。
	- **季節限定メニューの強化**：既存のピザやパスタメニューに季節の素材を使った限定メニューを定期的に追加し、既存顧客の興味を引く。
	- **ランチセットの拡充**：手軽にイタリアンを楽しめるリーズナブルなランチセットを強化し、ランチタイムの集客力をアップ。

(b) 市場開拓戦略	- **海外展開の強化**：日本食ブームが高まる海外市場（特にアジアやアメリカ）での店舗展開を推進し、サイゼリアのイタリアンを広める。	
	- **地方・郊外エリアへの出店拡大**：都市部から郊外・地方へと店舗展開を拡大し、新たな地域顧客層を開拓する。	
	- **フードデリバリー市場参入**：デリバリーアプリと連携し、既存メニューを宅配市場へ展開し、リーチを広げる。	
(c) 新製品・サービス開発戦略	- **プレミアムメニューの導入**：若干高価格帯で、より高品質な食材を用いたプレミアムメニューを提供し、新たな層の獲得を図る。	
	- **テイクアウト専用メニューの開発**：持ち帰りやすい専用メニューを開発し、テイクアウト需要を強化。	
	- **ドリンクバーにクラフトドリンク追加**：健康志向の顧客に対応し、オリジナルクラフトドリンクやノンアルコールカクテルを追加する。	
(d) 多角化戦略	- **サイゼリアのフードブランド商品化**：自家製ジェノベーゼソースやナポリ風ピザソースを自社ブランド商品として販売し、スーパーやECサイトで展開。	
	- **イタリア食材のECサイト展開**：イタリアの食材を使った調味料やパスタ、オリーブオイルを取り扱うECサイトを運営し、自宅でも本格的なイタリア料理が楽しめる提案をする。	
	- **料理教室の開催**：オンラインまたは店舗で料理教室を開催し、手軽に作れるイタリア料理のノウハウを提供。料理に関心の高い層を引き込む。	

現在の顧客や事業の状態に合わせて、さらに発達するためのアイデアを出してくれました。

変化する市場環境に対応しながら、持続可能な成長を目指すためには、革新と挑戦が不可欠です。

これらのアイデアを参考に、現在の状況に合った最適な戦略を模索し、さらなる成長の糸口を見つけていきましょう。

Claude Lv ★★★☆☆

AIDMAでコミュニケーション戦略を考える

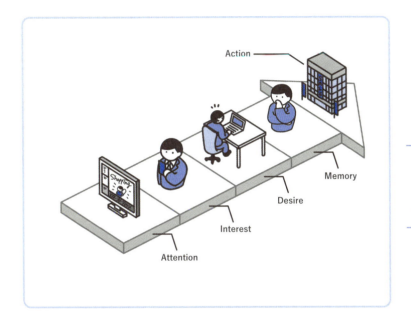

AIDMAとは

　商品を開発しても、まず商品を知ってもらい、興味を持ってもらわなければ意味がありません。商品をどのようなプロセスで買いたくなるのかを考えたうえで、コミュニケーション戦略を立てる必要があるのです。その時、力になってくれるのがAIDMAというモデルです。これは消費者の購買決定プロセスを説明してくれます。

　消費者はまず、その製品の存在を知り（Attention）、興味をもち

(Interest)、欲しいと思うようになり(Desire)、記憶して(Memory)、最終的に購買行動に至る(Action)という購買決定プロセスで動きます。これら5つの段階それぞれに応じた戦略を立てていくことが重要なのです。

コミュニケーション戦略を立てるプロンプト

それでは、早速AIDMAを活用して、コミュニケーション戦略を立てるプロンプトをご紹介します。今回はオンライン英会話ビジネスをテーマに戦略を考えてみます。

PROMPT

#指示
あなたは戦略設計のプロフェショナルです。
以下の#制約条件 と#出力形式 に従って、以下の#ビジネス に関してユーザーの購買決定プロセスを決定してください。フレームワークは「AIDMAモデル」を使用します。

#制約条件
・#ビジネス についての「AIDMAモデル」に基づいてコミュニケーション戦略を考える
・戦略立案は必ず客観的で分かりやすく、説明の過不足が無いようにしてください。
・分析は「Attention：注目、商品やサービスについて知る」「Interest：興味を持つ」「Desire：欲しいという欲求」「Memory：記憶」「Action：購買行動」それぞれについてアイデアを考えてください。
・分析は必ず各要素の概要とその詳細な分析をセットで掲載する。
・出力は#出力形式 に基づいて行ってください。

```
#ビジネス
・事業名：オンライン英会話サービス
・主な対象：英語を仕事で使うビジネスパーソン
・サービスの特色：ビジネスパーソン向けに最適化されたカリキュラム、ネイティブ講師による質の高いレッスン、豊富な教材と学習コンテンツ、交流ができるオンラインコミュニティ

#出力形式
【コミュニケーション戦略】表形式で、以下のような構成。
1行目: 項目名→5つの要素全てを紹介
2行目: 1行目の項目の概要
3行目: 項目名に対するアイデア→#制約条件 に従って戦略立案を行ってください
```

今回のプロンプトの特色は、AIDMAをしっかりと理解させることと、表の構成をしっかりと伝えていることです。

Answer

項目	概要	戦略アイデア
Attention	サービスの認知を高め、顧客がオンライン英会話サービスの存在に気づく段階。	**ターゲティング広告**：ビジネスパーソン向けのSNS（LinkedInなど）に広告を出し、バナーや動画広告でサービスの概要を視覚的に伝える。 **体験会開催**：無料体験レッスンを通じてサービスに触れる機会を提供し、認知向上を図る。
Interest	顧客がサービスに興味を持ち、詳細な情報を求める段階。	**ウェビナー開催**：ビジネス英語の重要性や効率的な学習方法をテーマにしたウェビナーを開催し、サービスへの関心を引き出す。 **サンプルレッスンの公開**：公式サイトやSNSで短いレッスン動画を公開し、ネイティブ講師の質の高さを体感してもらう。

Desire	サービスへの興味が購買意欲に転じ、サービスを使いたいと感じる段階。	**成功事例の紹介**：実際のビジネスパーソンが学習を通じて成果を上げたケーススタディを紹介し、自分も同様の成功を収めたいという欲求を喚起する。 **試用プラン提供**：短期間の無料お試しプランを用意し、サービスを実際に体験しながら欲求を高めてもらう。
Memory	顧客がサービスの内容や価値を記憶し、比較・検討する段階。	**メールマーケティング**：お試し期間終了後にメルマガを送り、学習の進展や再利用を促す。 **FAQや知識ベースの提供**：利用者がサービスの使い方やメリットを深く理解できるよう、疑問に答えるコンテンツを整備する。
Action	顧客が購買行動を起こし、実際にサービスを申し込む段階。	**申込の簡素化**：最小限の手順で申し込めるシンプルな申込フォームを提供し、購買行動のハードルを下げる。 **キャンペーンの実施**：入会初月無料キャンペーンなどの特典を提示し、最初のアクションを促す。

具体的に顧客が購買に至るプロセスがイメージできるようになりました。さて、本当にこの戦略が最適なのでしょうか。AI自身に検討してもらいましょう。

> **PROMPT**
> 上記の戦略に対する懸念点をそれぞれの項目に対して挙げてください

> **Answer**

項目	戦略アイデア	懸念点
Attention	ターゲティング広告、体験会開催。	**ターゲティング広告**：SNS広告はターゲットへのリーチが限られる可能性があり、特にビジネスパーソン層に対する広告の効果が薄い場合がある。また、広告内容が明確に競合との差別化を示していなければ、印象に残らない可能性がある。 **体験会開催**：体験レッスンに興味があっても、時間が確保できないと、リーチが限られる。

Interest	ウェビナー開催、サンプルレッスンの公開	**ウェビナー開催**:ビジネスパーソンが時間に制約があるため、ウェビナーへの参加率が低くなる可能性がある。また、内容がサービスに直接的に結びついていなければ興味が持続しにくい。 **サンプルレッスンの公開**:短いサンプルだけではサービス全体の質が伝わりにくく、十分な興味喚起に繋がらない場合がある。
Desire	成功事例の紹介、試用プラン提供	**成功事例の紹介**:成功事例が一部の人にしか当てはまらない場合、自分に対するメリットを実感できず、購買意欲が低下する可能性がある。 **試用プラン提供**:短期間の利用では、サービスの実用性や継続した成果が見えにくく、満足度が十分に高まらないことで購買意欲に繋がらないリスクがある。
Memory	メールマーケティング、FAQや知識ベースの提供	**メールマーケティング**:メールの頻度や内容によっては煩わしさを感じ、ユーザーが離脱してしまうリスクがある。 **FAQや知識ベースの提供**:FAQが分かりにくい、情報が不足していると、利用者が逆に不安を感じて購買行動をためらう可能性がある。
Action	申込の簡素化、キャンペーンの実施	**申込の簡素化**:簡素化しすぎるとサービス内容や利用規約の確認が不十分になり、後々トラブルの原因となる可能性がある。 **キャンペーンの実施**:割引や無料の提供がないと申込をためらう顧客が増え、通常料金での購買意欲が低下するリスクがある。

説得力のある懸念点を提示してくれました。この懸念点を踏まえてどうすればいいでしょうか。それもAIに聞いてみましょう。

PROMPT

上記の懸念点に対して、改善戦略アイデアを出してください。

Answer

項目	改善戦略アイデア
Attention	**コンテンツマーケティングの強化**：SNS広告に加え、ターゲット層が興味を持ちやすいビジネス英語のTipsや最新トレンドなどの記事や動画コンテンツを定期的に発信する。 **柔軟な体験レッスン枠の提供**：忙しいビジネスパーソン向けに、24時間予約可能な体験レッスンを提供し、時間に制約がある層にも参加しやすくする。
Interest	**オンデマンドウェビナーの導入**：リアルタイムでの参加が難しいユーザー向けに、録画されたウェビナーをオンデマンドで提供し、時間に縛られず視聴できる環境を整える。 **詳細なサンプルレッスンとカリキュラムの紹介**：短い動画だけでなく、初回無料で受けられる簡単なレッスンや、カリキュラムの全体像を理解できるガイドを提供し、より具体的な興味を引き出す。
Desire	**パーソナライズされた成功事例の提示**：業種別、役職別に分けた複数の成功事例を用意し、顧客の実際の業務に関連する効果的な学習成果が期待できることを示す。 **段階的な試用プラン**：1ヶ月間の無料トライアルを通じて、サービスの実用性をじっくり試せるようにする。
Memory	**パーソナライズされたリマインダーやフォローアップ**：顧客の学習進捗や興味関心に応じたリマインダーメールや、特定のカリキュラム内容に関する情報提供を行うことで、再訪問や継続的な記憶を促進する。 **ユーザーコミュニティの活用**：オンラインコミュニティ内でFAQや学習進捗に関する情報交換ができる場を設け、疑問解決や情報共有をしやすくすることで購買行動を後押しする。
Action	**申込時のインセンティブの多様化**：入会初月無料だけでなく、複数月のプランに応じてポイント還元や教材提供など、申込の動機付けとなる複数のインセンティブを提示し、料金面での満足度を高める。 **申込プロセスでのガイダンス強化**：申し込み時にサポートチャットボットやガイドツアーを導入し、顧客が不安なく手続きを進められる環境を整える。

　よりブラッシュアップされたアイデアが出てきました。

　「24時間予約可能な体験レッスン」を実施するなど、コスト的に難しそうなアイデアもありますが、まずはここまでの解像度で消費者の状況を捉えることによって、最適な戦略を選びやすくなるはずです。

Claude Lv ★★★☆☆

AARRRを使って、収益化を考える

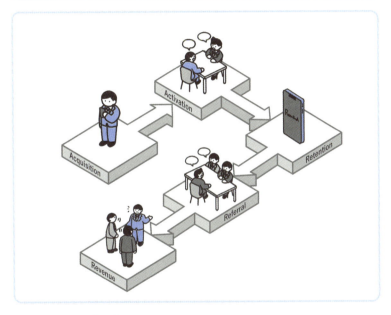

AARRRモデルとは

　サービスを成長させていく上で、それぞれの成長段階において、明確な戦略を立て、かつ、それを評価する基準を設定し、検証と改善をつづけることが重要です。そのとき、重要な役割を果たすのがAARRRモデルです。

　AARRRとは、サービスの成長段階を表す5つの言葉の頭文字をつなげたものです。次のような段階があります。

① Acquisition（獲得）：ユーザーをどこから獲得しているか？

② Activation（活性化）：ユーザーがどれくらい、好ましい経験をしているか？

③ Retention（継続）：ユーザーは継続してサービスを利用してくれているか？

④ Referral（紹介）：ユーザーは、友人や、周りに、このサービスを伝えているか？

⑤ Revenue（収益）：全体を通じて、ユーザーの行動が的確にマネタイズされているか？

その成長段階ごとに可視化することで、そのビジネスのステージにおける達成度を確認し、課題を抽出することもできるようになります。

サービスの各成長段階における評価基準を設定するプロンプト

今回は新しいサービスを立ち上げるタイミングで使えるプロンプトをご紹介します。サービスの各成長段階における評価基準を設定するものです。前回に続いて、オンライン英会話ビジネスを例に考えてみましょう。

> **PROMPT**
>
> #指示
> あなたはプロのマーケターです。#サービス を対象としたAARRR（Acquisition、Activation、Retention、Referral、Revenue）モデルに基づいた集客の戦略と、各段階での評価基準を考えてください。

#サービス
・事業名：オンライン英会話サービス
・主な対象：英語を仕事で使うビジネスパーソン
・サービスの特色：ビジネスパーソン向けに最適化されたカリキュラム、ネイティブ講師による質の高いレッスン、豊富な教材と学習コンテンツ、交流ができるオンラインコミュニティ

#出力形式
1行目：段階（AARRR）
2行目：戦略
3行目：評価基準の例

Answer

段階	戦略	評価基準の例
Acquisition	**ターゲティング広告とSEO強化**：ビジネス層がよく利用するLinkedIn、ビジネス系Webサイト、検索エンジンを活用し、英会話やビジネス英語関連のキーワードでのリーチを強化。	新規訪問者数、広告のクリック率、オーガニック流入数
Activation	**無料体験レッスンの提供と個別フォローアップ**：初回の無料体験レッスンを提供し、レッスン後にはカスタマーサポートやチャットを通じて追加情報や個別案内を提供してアクティベーション率を向上。	無料体験レッスンの申込率、体験後の継続利用意向、フォローアップの反応率
Retention	**定期的な進捗サポートとパーソナライズされたコンテンツ配信**：学習進捗に合わせてアドバイスや励ましメッセージを配信し、興味を引き続けるようなビジネス英語の最新情報を定期的に提供。	継続利用率、週次アクティブユーザー数、コンテンツのクリック率

Referral	**リファラルプログラムと口コミ強化**：紹介したユーザーとその紹介先の両者に特典を提供するリファラルプログラムを実施。また、口コミや体験談をシェアする場や機会を提供して紹介を促進。	紹介経由の新規登録数、リファラルプログラムの利用率、紹介特典利用者数
Revenue	**長期プランの割引とクロスセル戦略**：年間契約や半年プランに割引を提供し、専用教材や上級コースのアップセルを推奨する。また、月額と回数プランも含めた柔軟な料金体系を提供。	有料プランへの転換率、平均契約単価、長期契約の比率、アップセルの成功率

戦略と評価基準を設定してくれました。

ペルソナを設定してプロセスを具体化する

なんとなく理解できますが、この状態ではまだイメージがしづらい。そんなときはペルソナを設定して、このプロセスを具体化してもらいましょう。

> **PROMPT**
>
> 上記の戦略が成功した事例を、具体的なペルソナを設定して考え、段階ごとにまとめてください。

> **Answer**
>
> 【成功事例：ペルソナ「山田太郎さん」】
> ・ペルソナ概要：
> ○ 名前：山田 太郎
> ○ 年齢：35歳
> ○ 職業：外資系IT企業の営業マネージャー

- 課題：海外顧客と自信を持って英語で商談を行いたいが、ビジネス特化の英会話スキルに課題を感じている。
- ゴール：自信を持って英語でのプレゼンや商談を成功させ、昇進・キャリアアップを目指したい。

段階	成功事例
Acquisition	山田さんはLinkedInで「ビジネス英語を学びたい」と考え広告に目が留まり、英会話サービスの存在を知る。さらに「ビジネス英語学習」の検索でSEO強化されたサイトにたどり着き、詳細を確認。興味を持ってサイトに訪問した。
Activation	サイトから無料体験レッスンを申し込み、ネイティブ講師によるレッスンを体験。レッスン後にはカスタマーサポートから「次回のおすすめレッスン内容」についてのフォローアップがあり、内容の充実さに感銘を受け、正式登録を検討。
Retention	正式登録後、学習進捗に基づいた個別サポートを受け、ビジネスプレゼンに特化したコンテンツやアドバイスも提供される。山田さんは定期的なアドバイスで学習意欲が維持され、週次の進捗メールで学習の定着度も確認できた。
Referral	山田さんは上司や同僚にこのサービスを勧め、リファラルプログラムの特典でレッスンポイントも獲得。また、自分の学習成果を社内SNSでシェアし、同僚たちも興味を持つきっかけとなった。
Revenue	長期的なスキルアップを目指し、年間プランに変更。さらには「ビジネス交渉術」の上級コースを追加購入し、さらなるアップセルに成功。山田さんは学習成果を感じ、キャリアアップにも自信を持てるようになった。

　すぐさま明確なイメージが湧くものになりました。このようなペルソナが実際に存在するかは検証が必要ですが、まずは顧客の行動に対する仮説をできる限り具体化することが重要なのです。

Claude Lv ★★★☆☆

SMARTのフレームワーク で目標設定の質を高める

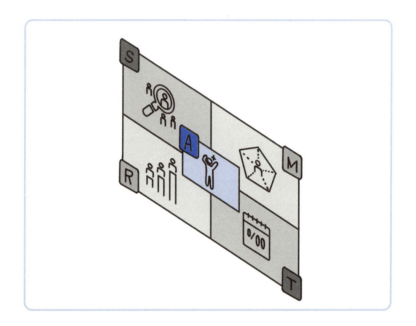

目標設定の質を高める

　戦略立案において重要なことは、目標設定の質を高めることです。その時重要なのは「SMART」というフレームワークです。「SMART」とは、適切で明確な目標を立てるために欠かせない5つの要素を含んだ、目標設定のためのツールです。頭文字は、それぞれ下記を意味しています。

- S（Specific：具体的に）
- M（Measurable：測定可能な）
- A（Achievable：達成可能な）
- R（Related：経営目標に関連した）
- T（Time-bound：時間の制約がある）

「SMART」を活用する目的・メリットは、明確で適切なゴールが設定されると、日々の意識すべきことや具体的なアクションなどの行動計画を作りやすくなります。その結果、業務のPDCAサイクルを回しやすくなり、パフォーマンスの向上にもつながります。

また、「自社の方針と整合しているか」「達成できる目標か」などの観点で目標を立てることで、上司とも共通認識を持ちやすくなるため、意思決定や人事・業績評価にも役立ちます。

SMARTを活用してプランを立てる目標を立てるプロンプト

自分が立てた目標をSMARTを使って検討することも可能ですが、今回はさらにラクに、AIにSMARTを活用して事業を成長させる計画を立ててもらいましょう。

今回はドラッグストアを例に考えてみます。

PROMPT

#指示
あなたは、目標設定を通じて成果を達成できる計画を立てることが得意なコンサルタントです。
#SMART の原則に基づき、#クライアント の「現在の状況」から「期間」内で「達成したい目標」をクリアするための、具体的な計画案を書き出し

てください。

#SMARTの原則
- "Specific（具体的）：目標が明確で具体的であること"
- "Measurable（測定可能）：目標が数値や指標で測定できること"
- "Achievable（達成可能）：目標が現実的に達成可能であること"
- "Related（関連性）：目標が経営目標や個人のキャリア目標に関連していること"
- "Time-bound（時間的に明確）：目標達成に明確な期限が設定されていること"

#クライアント
・サービス概要：ドラッグストア
・ターゲット：
健康・美容に関心の高い30-50代女性
近隣の子育て世帯、高齢者
・特徴：
カウンセリング重視の処方箋対応
健康・美容商品の品揃えが豊富
キッズスペース完備の広々とした店内
管理栄養士による健康相談サービス
・達成したい目標：新規来店者数を25%増加させる
・期間：6ヶ月
・現在の状況：
月間来店者数は平均800人
会員カード保有者600人
主にチラシとSNSで集客
来店者数の成長が停滞
近隣に大手ドラッグストアチェーンの出店計画あり

ではどんなプランを立ててくれたのでしょうか。

Answer

アクション	内容	手段	期限
新規集客キャンペーンの展開	初回割引や特典を提供し、初来店のハードルを下げる	オンライン広告、ポスティング	1〜3ヶ月目
地域密着イベントの実施	管理栄養士による健康相談、スキンケア講座、子供向けワークショップを開催	地域イベントカレンダー掲載、SNS、メルマガ配信	2〜4ヶ月目
近隣の子育て世帯・高齢者向けサービス強化	ベビーカー利用のしやすさや高齢者向けの介助サービスを強調	店頭ポスター、SNSでの店舗ツアー紹介	全期間を通じて
SNSおよびチラシの効果向上	ターゲット層の興味に合わせた情報発信、クーポン配布	InstagramやTwitterでの投稿頻度を増やし、クーポン利用率を計測	毎月
会員カードの活用促進	会員限定のポイント2倍デー、来店回数に応じた特典提供	会員向けメルマガやDMで告知	全期間を通じて
来店者数のモニタリング	新規来店者数のデータを分析し、施策の効果測定	POSシステムのデータを活用し、改善	毎月

　このメソッドは、明確な目標設定と計画策定を通じて、ビジネスの成長や課題解決を目指す企業にとって非常に有用です。「SMART」フレームワークを活用することで、目標の具体性や達成可能性が高まり、効率的な行動計画の策定が可能になるのです。また、関係者間の共通認識が深まり、意思決定や評価プロセスが円滑化されるメリットもあります。特に競争が激しい市場では、このような戦略的アプローチが事業拡大の鍵となるはずです。

CHAPTER
5

AIを顧客への提案に活用する

顧客のニーズを深く理解し、最適な提案を生み出すためには、膨大なデータ分析と多角的な視点が必要です。AIは、そのための強力なパートナーとなり、顧客の潜在的なニーズを捉え、今まで気づかなかった可能性を提示します。
このChapterでは、主に営業職の業務でAIを活用する方法をご紹介します。

ChatGPT4.0　Lv ★★☆☆☆

Suggest 1 セグメントとペルソナを特定する

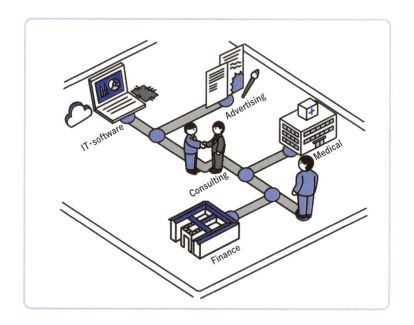

本当に必要としているのは誰か、ゼロベースで考える

　自社サービスの営業担当者にとって大切なことは、自社サービスを必要としている顧客の姿をできるだけ解像度高く捉えることです。既存の顧客や、根拠の乏しい思い込みにとらわれずに、あらゆる可能性を検討することで、潜在顧客を発見することができるようになります。

自社サービスと親和性の高い
顧客のセグメントを探るプロンプト

まずは、自社サービスの内容を伝えると、親和性の高い顧客セグメントを探ってくれるプロンプトをご紹介します。

PROMPT

#指示
あなたは優秀な営業担当者です。
#自社サービス の営業活動における具体的なターゲティングを実施し、業界別に親和性の高いセグメントを5つ教えてください。

#自社サービス（以下、本章ではTime Weaverと表記）
名称：Time Weaver - 時間管理の革命
機能：タスク管理、カレンダー連携、集中モード、分析機能、コラボレーション機能
特徴：AI搭載、シンプルUI、クロスプラットフォーム対応、カスタマイズ機能豊富、セキュリティ万全
導入メリット：時間管理効率化、生産性向上、ストレス軽減、ワークライフバランス実現、チームワーク向上
解決できる課題：時間管理の非効率性、生産性低下、時間管理によるストレス、チームワーク不足
差別化できる点：AIによるパーソナライズサポート、シンプルUI、クロスプラットフォーム対応、充実したチームワーク機能、セキュリティ対策強化

#出力形式
・サービスとセグメントの親和性を10点満点で定量評価し、理由を添えてください

このプロンプトのポイントはサービスとセグメントの親和性を定量評価し、理由を添えてくれる点です。AIの考えた理由を吟味することで、実際に可能性がありそうなのか、仮説を検討することができます。

業界	親和性 （10点満点）	理由
IT・ソフトウェア開発	9	多くのタスクとプロジェクト管理が必要なため、タスク管理とコラボレーション機能が高く評価される。リモートワークも多く、Time Weaverのクロスプラットフォーム対応が役立つ。
マーケティング・広告代理店	8	多岐にわたるクライアント対応が求められ、プロジェクト管理とスケジュール調整が重要。Time Weaverの分析機能で進捗を見える化し、集中モードで業務効率化が図れる。
コンサルティング	8	複数クライアントに対する時間管理とスケジュール調整が求められる。AIによるパーソナライズサポートで効率化し、クライアントごとのニーズに柔軟に対応可能。
医療（クリニック・病院）	7	医師やスタッフのシフト管理、予約の効率化が課題。カレンダー連携と集中モードが役立ち、バックオフィスの負担軽減とチーム間の効率的な連携が期待できる。
金融業界	7	正確な時間管理が重要で、特に会議やタスク調整が多い。セキュリティ重視のTime Weaverは信頼性が高く、分析機能による生産性の可視化も業務効率化に貢献。

　教育や学習領域で使えそうだ、というイメージを持っていましたが、むしろIT・ソフトウェア開発やコンサルディング業界と相性が良いという結果が出ました。実際にそれが正しいのかは、実際にお客様にアプローチすることによる仮説検証が必要ですが、思考の枠を外すことには成功しています。

自社サービスの担当営業が会うべき
顧客のペルソナを生成するプロンプト

　先ほどは、自社サービスと顧客セグメントの親和性を探るプロンプトをご紹介しました。それとはまた別の切り口からも探ることで、潜在顧客に対する解像度を上げていきましょう。

　やはり、具体的なお客様の顔が見えることが、仮説を立てる上で重要です。そこで自社サービスと親和性の高いペルソナを生成してもらいましょう。

> **PROMPT**
>
> #指示
> あなたは優秀な営業担当者です。
> 自社サービスの担当営業が会うべき顧客のペルソナを親和性が高い順に3名生成してください。
>
> #自社サービス
> Time Weaver（135ページ参照）
> #出力形式
> ・業種：
> ・企業規模：
> ・部署：
> ・役職：
> ・抱える問題：
> ・利用シナリオ：

　先ほど顧客セグメントを探るプロンプトの出力結果と整合性がある結果が出るのでしょうか。

Answer

ペルソナ1
業種:ITソフトウェア開発会社
企業規模:中規模企業(従業員100-300名)
部署:プロジェクト管理部門
役職:プロジェクトマネージャー
抱える問題:複数のプロジェクトを同時に管理する必要があり、チームメンバー間の進捗状況やタスクの進行状況をリアルタイムで把握するのが難しい。特に、リモートワーク中の効率的なタスク管理と情報共有に課題を抱えている。
利用シナリオ:Time WeaverのAIによるパーソナライズサポートで、プロジェクトごとの進捗を可視化し、カスタマイズ可能なUIで進行管理が容易に。リアルタイムのタスク共有とチーム全体のコラボレーション機能を利用することで、プロジェクト全体の生産性向上を目指す。

ペルソナ2
業種:マーケティング・広告代理店
企業規模:大企業(従業員500名以上)
部署:マーケティング企画部
役職:チームリーダー
抱える問題:複数のキャンペーンやプロジェクトを管理しており、タスクの優先順位付けが曖昧になることで、スケジュールの遅延やミスが頻発。また、異なるチームや部署間の調整に手間がかかっており、効率的なコラボレーションが求められている。
利用シナリオ:Time Weaverのコラボレーション機能とAIサポートを活用し、プロジェクトごとのタスクを整理。AIが提案するスケジュール管理機能や集中モードを利用し、各キャンペーンの優先順位を明確にしつつ、チーム全体での連携を強化する。

ペルソナ3
業種:コンサルティングファーム

> 企業規模:中規模(従業員200名程度)
> 部署:経営戦略部門
> 役職:コンサルタント
> 抱える問題:クライアントの業務改善プロジェクトを担当することが多く、複数クライアントへの対応やタスクの整理が煩雑。スケジュールが流動的なため、効率的な時間管理が難しいと感じている。
> 利用シナリオ:Time Weaverのクロスプラットフォーム対応を活用し、プロジェクトごとのタスクとスケジュールを一元管理。AIによるタスク最適化とカスタマイズ機能を活かし、流動的なクライアントのニーズに合わせた柔軟なスケジュール調整を実現する。

優先順位も含めて顧客セグメントと一致した結果が出ました。なおこれは、Geminiを使ったところ、ほぼ同じでしたが、コンサルディング業界が最優先になるなど、微妙な違いがありました。

Perplexity　Lv ★☆☆☆☆

Suggest 2　顧客へのアプローチを考える

お客様についてシミュレーションを重ねる

　さて、5-1では、自社サービスに親和性の高い顧客の仮説を立てました。今回はその顧客にアプローチするための計画を立ててみましょう。まずはもう少し詳細なリサーチを行いましょう。

　先ほどは、自社サービスの機能や特性を基準に、顧客を探ってもらったので、今回は自社サービスとの関連性は外して、シンプルなプロンプトを出してみましょう。

> **PROMPT**
>
> コンサルディング業界におけるスケジュール管理の課題について解説してください。

> **Answer**
>
> コンサルティング業界でのスケジュール管理の課題は、次のようなポイントに集約されます。
>
> ・複数プロジェクトの同時進行
> 複数のクライアント対応が必要なため、タスクの優先順位や進捗確認が難しい。
> ・頻繁なスケジュール変更
> クライアント要望による急な変更に柔軟に対応する必要がある。
> ・リモートとオフィスのハイブリッド管理
> チーム全体のスケジュール把握とリアルタイムでの情報共有が求められる。
> ・社内外のチーム調整
> 社内の複数部署やクライアントとの調整が多く、スケジュール管理が煩雑になりがち。
> ・高い生産性要求
> 業務量が多く、効率的な時間管理ができないとストレスやモチベーション低下のリスクがある。
>
> こうした課題に対応するため、AIによるタスク管理やリアルタイムでの進捗共有が有効です。

多角的な分析をする場合には、Perplexityのような調査AIも活用するのがおすすめです。

想定している顧客についてさらに深掘りしていきましょう。

> **PROMPT**
>
> コンサルティング業界のお客様に対して、スケジュール管理ができていないことにより発生する問題、その問題の原因や背景を説明したいです。箇条書きにしてそれぞれまとめてください。

どのような問題があるかを明確に把握することで、提案に活かすことができるようになります。

> **Answer**
>
> 1. スケジュール管理ができていないことにより発生する問題
>   - 納期遅延
>   プロジェクトの締め切りが守れず、クライアントとの信頼関係に悪影響を及ぼす。
>   - 品質の低下
>   スケジュールのズレが生じるとタスクにかける時間が不足し、成果物の質が低下する可能性がある。
>   - チームメンバーの負担増大
>   急なタスクの追加や進行の遅れにより、チームメンバーが急な残業や多忙を強いられる。
>   - クライアントからのクレーム増加
>   スケジュールの遅れや不安定さにより、クライアントからの不満やクレームが増える。
>   - モチベーションや生産性の低下
>   スケジュール管理ができないと業務の予測が難しくなり、チーム全体の士気や効率が下がる。
>
> 2. 問題の原因
>   - 複数プロジェクトの管理不足
>   複数のクライアントを同時に担当するため、タスクの優先順位が曖昧

になりやすい。
- **急な要望変更**
クライアントの要望やプロジェクトの進行状況が頻繁に変わり、計画が乱れやすい。
- **チーム間の連携不足**
プロジェクトに関わるメンバーのスケジュール調整が困難で、進行に遅れが出ることがある。
- **適切な管理ツールの不使用**
効率的なスケジュール管理ができるツールが導入されていない、または活用されていない。

3. 背景
- **高いクライアント期待**
クライアントは迅速かつ高品質な成果を期待しているため、業務の密度が増す。
- **リモート・ハイブリッドワークの普及**
チームメンバーがオフィスに常駐していないことで、進捗状況の把握が難しくなる。
- **プロジェクトの複雑化**
大規模で複雑なプロジェクトが増加し、個別のタスクと全体の調整が困難になる。

スケジュール管理の改善により、これらの問題の多くが軽減され、コンサルティングの効果を最大化できます。

顧客へのメッセージを考えるプロンプト

　それでは、いま出てきた問題と原因の分析を活用して、自社サービスを顧客に提案するメッセージを考えてもらいましょう。このメッセー

ジは、メールで使ったり、WEBサイトに使ったり、トークで使ったりするための原型になるものです。

> **PROMPT**
>
> #問題と原因の分析 を踏まえて、コンサルディング業界のお客様に対して、#自社サービス を通して、スケジュール管理の課題を解決することに対して合意を得られるようなメッセージを作成したいです。
>
> 一方的に課題解決を訴えるわけではなく、背景にある問題や原因を考慮に入れた上で、メッセージ案を箇条書きで5つ出してください。

どんなメッセージが出てくるのでしょうか。

> **Answer**
>
> コンサルティング業界のお客様に対して、スケジュール管理課題をTime Weaverで解決するためのメッセージ案を以下に示します。
>
> **1.「複数のプロジェクトを効率的に管理するためのサポート」**
> 「Time WeaverのAI機能により、複数のプロジェクト間での優先度調整や進捗の可視化がスムーズに行えます。各プロジェクトの進行をリアルタイムで把握し、重要なタスクを最適なタイミングで実行するサポートを提供します。」
>
> **2.「急なクライアントの要望変更への柔軟な対応」**
> 「プロジェクト進行中のスケジュール変更が発生しても、Time Weaverは柔軟に対応できます。タスクの自動調整や変更履歴の確認が簡単にできるため、チーム全体で素早く対応策を共有できます。」
>
> **3.「チーム間の連携強化によるストレス軽減」**

> 「Time Weaverのコラボレーション機能を活用することで、各メンバーのスケジュールやタスク進捗を一元管理し、情報共有を簡単にします。これにより、メンバー間の調整負担が減り、業務全体のスムーズな進行が期待できます。」
>
> 4.「生産性と士気を支える分析機能」
> 「Time Weaverの分析機能で各タスクにかかる時間や生産性の傾向を可視化できます。メンバーが自身の業務効率を振り返ることで、無駄を省き、モチベーションやチーム全体の士気向上につながります。」
>
> 5.「リモートやハイブリッドワークに対応した柔軟な管理」
> 「Time Weaverはクロスプラットフォーム対応のため、オフィスやリモート環境に関係なく、どこでも簡単にアクセスできます。これにより、物理的な距離を超えて、進捗の確認や業務の調整が効率的に行えます。」

機械的にそれらしい言葉を作るのではなく、しっかりとサービスの特性と顧客の課題を理解し、それをマッチングさせるロジックが組めています。提案資料やWEBサイトに使うこともできそうなレベルの文章に仕上がりました。

ChatGPT4.0　Lv ★★☆☆☆

メールを作成する

メールを作成するプロンプト

　前項では、顧客にアプローチする方法を考え、5つのメッセージを作成しました。今回では、それを実際にメールに落とし込んでみます。

　このプロンプトのポイントは、顧客とサービスの情報をただ入力して考えてもらうのではなく、さまざまな分析とシミュレーションにもとづいて作ったメッセージと組み合わせて作ってもらうことです。それによって、提案の精度が高いものとなるのです。

> **PROMPT**
>
> #指示
> 上記のメッセージと #自社サービス を組み合わせて、#顧客 に最適な一つのビジネスメールの文章を作成してください
>
> #自社サービス
> Time Weaver(135ページ参照)
>
> #顧客(以下、本章ではコンサルティングファーム例と表記)
> 業種:コンサルティングファーム
> 企業規模:中規模(従業員200名程度)
> 部署:経営戦略部門
> 役職:コンサルタント
> 抱える問題:クライアントの業務改善プロジェクトを担当することが多く、複数クライアントへの対応やタスクの整理が煩雑。スケジュールが流動的なため、効率的な時間管理が難しいと感じている。
> 利用シナリオ:Time Weaverのクロスプラットフォーム対応を活用し、プロジェクトごとのタスクとスケジュールを一元管理。AIによるタスク最適化とカスタマイズ機能を活かし、流動的なクライアントのニーズに合わせた柔軟なスケジュール調整を実現する。

> **Answer**
>
> 件名:時間管理効率化とプロジェクトの生産性向上に向けたご提案
>
> ***様
>
> いつもお世話になっております。
> 私どもは、コンサルティング業務におけるプロジェクト管理をより効率化するためのソリューション、「Time Weaver - 時間管理の革命」を提供しております。

貴社のように、複数のクライアントを抱え、流動的なスケジュールやタスクの整理が求められる業務においては、スケジュール管理の難しさや、チーム間での連携に課題を抱えることが多いかと存じます。このような背景から、貴社のプロジェクト効率化に向け、Time Weaverの導入をぜひご検討いただきたく、ご提案させていただきます。

Time Weaverが解決できる課題とそのメリット
・複数プロジェクトの管理を効率化
AI機能によってプロジェクトごとの優先順位を自動調整し、各タスクの進捗をリアルタイムで可視化。複数の案件に対応する際のタスク管理がより簡単に行えます。

・流動的なスケジュール調整にも柔軟に対応
クライアントからの急な要望変更が発生しても、Time WeaverのAIが自動でタスクとスケジュールを最適化し、メンバー間での迅速な情報共有をサポートします。

・リモートワーク・オフィスワークに対応したクロスプラットフォーム対応
どこからでもアクセスできるため、場所を問わずリアルタイムでの進捗確認やタスク調整が可能です。これにより、柔軟な働き方にも対応し、チーム全体の生産性向上が期待できます。

・チームワークの強化とストレスの軽減
コラボレーション機能と分析機能を活用して、プロジェクト進行を一元管理することで、メンバー同士の連携がスムーズになり、業務負担が軽減されます。

貴社の課題に合わせ、Time Weaverがどのようにお役に立てるか、ぜひ一度具体的なご説明の機会をいただければと思っております。貴社のプ

ロジェクト管理効率化と生産性向上の一助となるよう、全力でサポートさせていただきますので、ご興味がございましたらご連絡ください。

何卒よろしくお願い申し上げます。

敬具
＊＊＊＊

それなりの精度のメールが出てきました。しかし、ここで満足して送信しないことが重要です。

相手のリアクションを想定するプロンプト

人間が自力でメールを書くと、自分の作ったメールに関して客観的な判断を下すことは難しいのが現実です。自分にとってのベストだからです。一方、AIはAIが出力したものに関しても無慈悲に判定することができます。AIにメールの受け取った相手になってもらい、このメールの効果を判定してもらいましょう。

PROMPT

上記のメールを受け取った相手のリアクションを悲観的に想定し、箇条書きでアウトプットしてください。

その結果、下記のような回答が出てきました。

Answer

以下は、メールを受け取った相手が悲観的に反応する可能性のあるリアクションです。
1「またツールの提案か…」

> 新しいツールの導入を提案されることが多いため、また一から学習が必要なのかと負担を感じる。
>
> 2「本当に効果があるのか疑わしい」
> 「効率化」「生産性向上」といったメリットが本当に実現できるのか、過去のツール導入経験から疑念を抱く。
>
> 3「今のやり方に慣れているので変えるのが面倒」
> 現在使用しているスケジュール管理方法に慣れており、新ツールへの移行に抵抗を感じる。
>
> 4「導入コストがかかりそう」
> 新しいツールを導入することにより、コストや教育、設定に時間や予算が必要ではないかと懸念する。
>
> 5「チーム全員がこのツールに対応できるか不安」
> チームメンバーが新しいツールをうまく使いこなせるか、全員のITリテラシーに差があるため、不安を抱く

かなりリアルな反応が返ってきました。しかし、ここでめげる必要はありません。AIにこの反応を想定して、メールをブラッシュアップしてもらいましょう。

PROMPT

上記を踏まえ、本文に入れるべき言葉や言い回しを再考し、メールを作成してください。

どれくらい改善されるのでしょうか。

Answer

件名:貴社のプロジェクト効率化と生産性向上に向けたTime Weaverのご提案

＊＊＊様

いつもお世話になっております。
「Time Weaver - 時間管理の革命」を提供しております＊＊＊と申します。
貴社のプロジェクト管理の課題を少しでも解決できればと思い、ご提案の機会をいただきました。今回ご紹介するTime Weaverは、シンプルな操作で既存の業務フローに馴染みやすく設計されており、必要な機能だけを柔軟にカスタマイズして導入することが可能です。
また、新しいツール導入における負担やコストについても十分に配慮しています。以下の機能は、初期導入のサポートが充実しており、スムーズな移行が可能な点が特長です。

・Time Weaverが貴社のお役に立てる点
直感的な操作で移行が簡単
シンプルで分かりやすいUI設計のため、短期間で操作に慣れることができます。初期設定やチームメンバーへの導入サポートも充実しており、スムーズな移行を実現します。

・既存の管理方法に柔軟に対応
現在お使いのツールや管理方法を考慮し、必要な機能だけを選んで使用することができますので、貴社の業務に合わせて無理なくご活用いただけます。

・AIによるスケジュール最適化で確実なプロジェクト管理をサポート
急な予定変更や複数のタスクの調整が発生しても、AIによる自動最適化機能がサポートします。煩雑なスケジュール管理の負担を軽減し、無理

> なくプロジェクトの進行を支援します。
>
> ・導入コストと効果のバランスを重視
> Time Weaverは、コストパフォーマンスも意識して開発されており、少ないリソースで効率的に活用できるよう設計されています。お試し期間も設けておりますので、導入効果を実感していただいた上での判断が可能です。
>
> もしご興味がございましたら、さらに詳しいご説明をさせていただきます。また、貴社の現在の状況に合わせた具体的なカスタマイズ案についてもご提案いたしますので、お気軽にご相談いただければと思います。
>
> 何卒よろしくお願い申し上げます。
>
> 敬具

　最初のメール案もそれなり悪くないように見えましたが、こうして比べてみると一目瞭然です。

　最初は、単に顧客の課題をどう解決するか、ということにだけフォーカスしていました。
　それに対して、修正したメール案では、そのサービスを導入するコストや導入できる人的リソースがあるのか、なども考慮し、より顧客に寄り添った提案ができるようになりました。

　AIはAI自身にフィードバッグさせることによって、大きく改善するのです。そのとき、大切なのが、役割を演じ分けさせる、ということなのです。

ChatGPT4.0　Lv ★★★☆☆

商談の準備をする

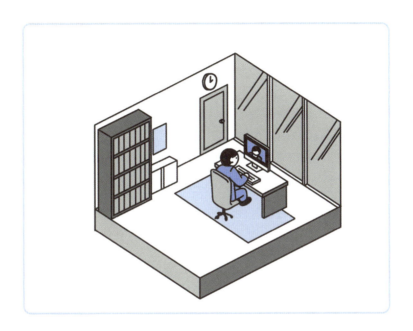

商談に臨む

　次は、メールをお送りした相手から返事があり、めでたく一度オンラインで商談ができることになったとしましょう。

　商談に進むにあたり、さらにシミュレーションを行い、どんな反応が来ても対応できるように準備していきましょう。

> **PROMPT**
>
> あなたは#顧客 です。
> この度#サービス を導入しようと考えていますが、数ある企業の中からなかなか選びにくいと考えています。そこでどんな側面を重視しているかを教えてください。
> 価格や機能サポートなど、大切だと考える点を列挙し、優先度を10段階評価してください。
>
> #顧客
> コンサルティングファーム例(147ページ参照)
> #サービス
> Time Weaver(135ページ参照)

このプロンプトのポイントは、「価格や機能サポートなど、大切だと考える点を列挙し、優先度を10段階評価してください」として、とにかく多数の観点を押さえられるように指示することです。

Answer

項目	説明	優先度(1-10)
価格	導入と運用にかかるコスト。長期的なコストパフォーマンスを重視。	8
機能の充実度	タスク管理、カレンダー連携、集中モードなどの機能がニーズに合致するかどうか。	9
カスタマイズ性	クライアントごとの柔軟なスケジュール調整が可能か。	10
クロスプラットフォーム対応	複数のデバイスで利用可能で、アクセスが容易か。	9

AIによる最適化機能	タスクやスケジュールの最適化を支援するAI機能の有無。	10
セキュリティ対策	顧客情報やプロジェクトデータの安全性が確保されているか。	10
UIの使いやすさ	シンプルで直感的に操作できるUI設計かどうか。	8
UIの使いやすさ	導入後のサポートやトラブルシューティングの対応が迅速であるか。	7
UIの使いやすさ	チーム内や他部署と効率的に連携できる機能が備わっているか。	9
UIの使いやすさ	既存のシステムやワークフローに迅速に組み込めるか。	8

さらにひと工夫 ロールプレイングを行う

実際に商談をする前に、どうなる可能性があるか、探ってみたいものです。

PROMPT

#指示
下記の#顧客 に、#サービス を提案する初回商談を行います。
・その商談がうまくいき、顧客がその商材への購買意欲が高まる商談をシミュレートし、台本の形で表現してください

#制約条件
・私に直接言えない本音がある場合は( )で記載してください。
・例)そうなんですか(ちょっと高いな)
#顧客
コンサルティングファーム例(147ページ参照)
#サービス
Time Weaver(135ページ参照)

このプロンプトのポイントは、「購買意欲が高まる商談」として、今回の商談での目標を設定していることです。一回で購入を決定してもらえる商談のような現実性の低いものをシミュレートしてもあまり意味がありません。できるだけリアルな商談に近いものを出してもらうことが重要です。

もう一つのポイントは、本音を書いてもらうことです。どこでどんな本音を考えているかがわかると、人間に対する理解度が上昇します。

Answer

初回商談台本シミュレーション

コンサルタント：
お忙しい中お時間をいただき、ありがとうございます。今日は貴社のスケジュール管理に関するお悩みをお伺いし、どのように「Time Weaver」がお役に立てるかをお話しできればと思います。まず、現在のスケジュール管理で特に困っていることはありますか？

営業担当者：
はい、クライアントの業務改善プロジェクトを担当する中で、複数のクライアントに対応するため、タスクの整理が本当に煩雑です。特に、スケジュールが流動的で、効率的な時間管理が難しいと感じています。（うまく解決できるツールがあればいいけど、導入するのが面倒だな）

コンサルタント：
それはおっしゃる通りですね。スケジュールの流動性が高いと、タスク管理が複雑になり、業務効率にも影響が出てきますよね。実際、「Time Weaver」では、AIによるタスク最適化機能がありますので、流動的なスケジュールにも柔軟に対応できます。具体的には、プロジェクトごとに

タスクを自動で調整し、優先順位を設定することができます。

営業担当者：
それは非常に助かりますね。特に、急な要望変更にもしっかり対応できるのは嬉しいです。（ただ、他のツールも使っているし、また新しいツールを導入するのが面倒だな）

コンサルタント：
導入にあたってはお試し期間も設けており、実際の業務での効果を実感していただいた上でご判断いただけます。このような取り組みで、スケジュール管理の効率化やチームの生産性向上に繋がると思います。もしお試しいただける機会があれば、どのような効果を期待されますか？

営業担当者：
そうですね、プロジェクトがスムーズに進むことで、クライアントからの信頼も向上しますし、チームメンバーのストレスも軽減されると思います。（ただ、導入コストは気になるな）

コンサルタント：
また、コストパフォーマンスを重視して開発しており、導入後の効果を考えると、十分にご満足いただける内容に仕上がっています。具体的な価格やプランについてもお話しさせていただきますので、ぜひ一度詳しいご説明の機会をいただければと思います。

営業担当者：
それなら、ぜひ詳しく話を聞いてみたいです。（購入する方向で考えたいな）

コンサルタント：
ありがとうございます！それでは、次回のご都合を伺って、具体的なプランやお試しの流れをお話しさせていただきますね。ご検討いただける

こと、とても嬉しく思います。

商談のポイントまで書いてくれました。本音を意識していくことが重要です。さらに実践的な練習として模擬商談を行うこともできます

> **PROMPT**
>
> これから商談を行います。
> 私は営業担当者で、あなたは#顧客 です。
> #状況 を理解し、[制約条件]に従って、私の発言に応答してください。
> この指示を理解したら「本日はよろしくお願いします。」と出力してください。
>
> #状況
> 営業担当者が顧客に送ったメールを見て、顧客が問い合わせをし、オンラインで初回の商談をすることになりました。
>
> #顧客
> コンサルティングファーム例（147ページ参照）
>
> #制約条件
> ・私に直接言えない本音がある場合は（）で記載してください。
> ・例）そうなんですか（ちょっと高いな）

このように状況をしっかりと伝えることが重要です。またここでのポイントは、指示を理解したタイミングで「本日はよろしくお願いします。」と、AIに答えさせる点です。細かな点ですが、これを入れないと、AIが勝手にロープレを始めてしまう事があるからです。

ここまでくればもうロープレの準備万端です。
あとは、チャットで顧客を想定して色々提案してみましょう！

ChatGPT4.0　Lv ★★★★☆

提案スライドを作成する

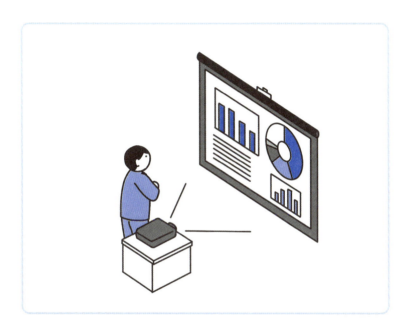

提案スライドを作ってもらうプロンプト

　商談の際にAIに提案スライドを作ってもらうこともできます。まずは提案内容を考えてもらいましょう。

　前回に引き続いて、設定は「Time Weaver」で検討してみます。

> **PROMPT**

#指示
プレゼンテーション用の提案資料を作成しています。
どのページにどの要素を置くか、骨子を考えてください

#制約条件
・詳細かつ具体的な内容を盛り込んでください。
・どんな図、表、イラストが必要かも考えてください。
・スライドの見出しと文章も考えてください。

#状況
初回の商談で使用するスライドです。

#顧客
コンサルティングファーム例(147ページ参照)

#サービス
Time Weaver(135ページ参照)

> **Answer**

以下は、初回の商談で使用する提案資料の骨子です。顧客のニーズに焦点を当て、Time Weaverの導入メリットを効果的に伝える内容を考えました。

スライド1: タイトルスライド
・見出し: Time Weaver - 時間管理の革命
・内容:
　o 提案者名
　o 日付
　o ロゴ(自社と顧客)

スライド2: 会社概要
・見出し: 私たちの会社について
・内容:
　○ 自社のビジョン、ミッション、価値観
　○ 過去の実績(成功事例)
・図: 自社のロゴ、受賞歴や顧客ロゴのバナー

スライド3: 顧客の現状分析
・見出し: コンサルティングファームが抱える課題
・内容:
　○ 複数クライアントへの対応
　○ タスク整理の煩雑さ
　○ 流動的なスケジュール管理の難しさ
・図: 課題のマインドマップやアイコンを使ったビジュアル化

スライド4: 課題の影響
・見出し: 課題がもたらす影響
・内容:
　○ 納期遅延、品質低下、チームメンバーの負担増
　○ クライアントからのクレーム増加、モチベーション低下
・図: グラフやインフォグラフィックで影響を視覚的に表現

スライド5: Time Weaverの概要
・見出し: Time Weaverのご紹介
・内容:
　○ 機能: タスク管理、カレンダー連携、集中モードなど
　○ 特徴: AI搭載、シンプルUI、クロスプラットフォーム対応
・図: サービスのスクリーンショットや機能のデモ動画

スライド6: 導入メリット
- 見出し: Time Weaverを導入するメリット
- 内容:
    - 時間管理の効率化、生産性向上
    - ストレス軽減、ワークライフバランス実現
    - チームワーク向上
- 図: 導入前後の比較グラフやテーブル

スライド7: 具体的な利用シナリオ
- 見出し: 利用シナリオのご提案
- 内容:
    - プロジェクトごとのタスクとスケジュールの一元管理
    - AIによるタスク最適化とカスタマイズ機能
- 図: フローチャートや具体的な画面の例

スライド8: 競合との差別化ポイント
- 見出し: Time Weaverの強み
- 内容:
    - AIによるパーソナライズサポート
    - シンプルなユーザーインターフェース
    - 強化されたセキュリティ対策
- 図: 競合比較表

スライド9: 導入プロセス
- 見出し: スムーズな導入プロセス
- 内容:
    - 導入のステップとタイムライン
    - サポート体制の説明
- 図: フローチャートまたはステップバイステップのガイド

> スライド10: 質疑応答
> ・見出し: ご質問・ご意見
> ・内容: 質問を受け付ける旨を記載
> ・図: 受け付けた質問を可視化するためのフレーム
>
> スライド11: まとめ
> ・見出し: ご提案のまとめ
> ・内容:
>   ○ Time Weaverの利点を簡潔にまとめる
>   ○ 次のステップ(デモやトライアルの提案)
> ・図: お礼のメッセージと連絡先情報
>
> この構成に基づいてスライドを作成することで、顧客に対してTime Weaverの価値を効果的に伝えることができるでしょう。

　スライドの構成案が生成されました。より詳しい商品の情報を「#サービス」の箇所に記載して読ませれば、より完成度の高いスライドを作成してもらうことも可能です。

提案スライドをPowerPointファイルとして出力する

　ChatGPT4oでは、プロンプトをもとにPowerPointファイルを出力することも可能です。ただし出力されるスライドのレイアウトはシンプルなものなので、そのままお客様に出せるレベルとは言えません(無料プランの場合は利用量の制限に達する可能性があります)。

　とはいえ、スライド作成まで一貫して行える、というのは感動的なものがあります。

　また、ChatGPTでは、提案書のスライドに合った図を作成してもらうこともできます。

CHAPTER
6

AIを
チームビルディング
に活用する

ビジネスを進めるために、よい企画や高度な戦略と同じくらいに大切なものがあります。それが「チームワーク」です。
一人だけでは大きな仕事はなしえません。他のメンバーを巻き込む力が必要になります。インターネット上の多種多様な情報を学んでいるAIは、チームづくりにおいても協力なサポートになってくれます。

ChatGPT4.0　Lv ★★★★☆

チームの理念を作る

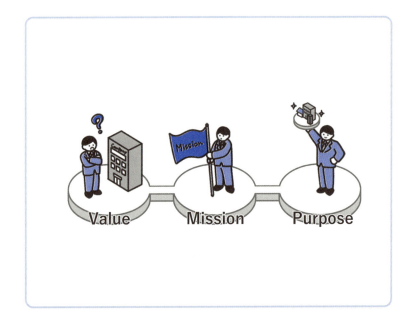

人とAIの力を組み合わせることが大事

　企業理念は言葉としては浸透しているけれど、社員一人ひとりが企業理念を体現している状態には一歩足りない。チーム（部署やユニット）として、もっと緻密に目線を揃えていきたい。そういう状況で活用できるのが、チーム理念です。

　部署向けに設定された、ミッション（M）・ビジョン（V）・バリュー（V）のことです。

チーム理念を考える時は、企業理念を体現するために部署としてどのような活動をしているのか、していきたいのか、しっかりと考えることが重要です。

　また、それを考えるにあたり、マネージャー層だけでトップダウン的に決めるのではなく、部署のメンバーを巻き込んで、みんなで作って行くことが重要です。

　チームの理念を定めるためには一般的に下記の工程が必要です。

① 企業理念を深く理解し、言語化する
② 自分たちの部署の顧客を理解し、言語化する
③ 部署内から自分たちの部署の「らしさ」や「価値観」のワードを集める
④ 企業理念の理解、顧客理解、部署の特性の理解にもとづき、MVVの案を複数作成する
⑤ それらの案を比較検討しながらブラッシュアップしていく

　このプロセスの中で、特にAIを活用できるのは、「④MVVの案を複数作成する」という部分です。

　本書は、AI活用の本ですが、何でもかんでもAIを使えばいいわけではない、ことも強調しておきたいと思います。人の力を発揮するところ、AIに任せるところ、その線引きをすることも、スマートな使い方をするために大切なことです。

　コミュニケーションに関しては、AIの助けを借りつつも、人と人がしっかりと行う必要があります。その上で、コミュニケーションの結

果出てきたものをまとめあげ、言語化する仕事にはAIをフル活用しましょう。

企業理念、顧客、部署の特性という三つの要素が交わるところがどこなのか、それを特定し、魅力的な表現に落とし込む、という高度な仕事をAIなら人間とは比べ物にならない速度で実行できるからです。

企業理念を理解するプロンプト

「④MVVの案を複数作成する」という段階以前でも、AIは活用できます。「①企業理念を深く理解し、言語化する」という段階では、なかなか具体的なイメージが浮かびにくく、言葉が上滑りしてしまうことがあります。その時は、具体的なエピソードに企業理念を落とし込んでみましょう。

その時は、下記のようなプロンプトを使うこともおすすめです。今回はエンタメ業界を例に考えてみます。

> **PROMPT**
>
> #指示
> ・#企業理念 をより深く、より具体的に理解したいと思っています。
> ・#企業理念 と #事業内容 をもとに2人のペルソナを考え、そのペルソナが入社し、試行錯誤しながら、成功するストーリーを考えてください。
>
> #制約条件
> ・各ペルソナの年齢、部署、パーソナリティを変えてください。
> ・入社の理由、成功ストーリー、成功の鍵を考えてください。
>
> #企業理念
> ・MISSION：思い出を未来へ繋ぐ
> ・VISION：テクノロジーと心を繋ぎ、忘れられない思い出をよみがえら

せる
・VALUE：
Innovation（イノベーション）：常に新しい技術に挑戦し、サービスを進化させる。
Empathy（共感）：ユーザーの感情に寄り添い、忘れられない思い出を創出する。
Connection（繋がり）：人と人、人と思い出を繋ぎ、新たなコミュニティを形成する。
Sustainability（持続可能性）：思い出を未来へ継承し、社会に貢献できるサービスを提供する。

#事業内容
・概要：没入型エンターテイメント体験を提供する。
・具体的なサービス：
思い出のデジタル化：写真、動画、音声データ、手紙など、思い出の記録をデジタル化し、3D空間やVR/AR体験で再現するサービス。
思い出共有プラットフォーム：家族、友人、恋人など大切な人と思い出を共有できるプラットフォームを提供。思い出を語り継ぎ、世代を超えて共有する文化を創造する。

#2人の部署
・開発部：システム開発を行う。
・営業部：マーケティング・提案営業を行う。

このプロンプトのポイントは、「#指示」と「#制約条件」で、ストーリーの描き方を細かく指定していることです。

今回は出てきた2名の内の一人を例に考えてみましょう。

> **Answer**
>
> ペルソナ1: 中島 翔太(25歳) - 開発部
> 入社理由: 翔太は大学でVR技術を学び、VRの可能性に魅了されました。「人の記憶を未来へ繋ぐ」という企業理念に共感し、先進的な技術で人々に感動を与えたいと感じたことが入社の決め手です。
>
> 成功ストーリー: 翔太は入社後、開発部で思い出の3D空間再現プロジェクトに配属されます。最初は複雑なプラットフォームに苦戦しましたが、持ち前の好奇心と探求心を活かし、社内のベテランエンジニアやUXデザイナーと密に連携し、ユーザーの感情に寄り添った設計を心がけました。彼はユーザーのフィードバックをもとに、より直感的なUI設計を提案し、チームで改良を重ねました。その結果、ユーザーから高評価を得るインターフェースを実現し、チームの一員として大きな貢献を果たしました。
>
> 成功の鍵: 翔太の「新しい技術に挑戦する姿勢」と、ユーザーのニーズに対する「共感力」が大きな成功の鍵でした。
> (中略)
> これらのペルソナと成功ストーリーは、企業理念と事業内容を反映し、異なる背景と目標を持つ2人が企業の使命を実現していく姿を描いています。

AIが作ったペルソナはあくまでたたき台です。こんなエピソードに当てはまる人が社内にいるか。もしいないとしたら、なぜか。そういった議論をしているうちに、企業理念の理解がさらに深まっていくはずです。

③部署内から自分たちの部署の「らしさ」や「価値観」のワードを集めるという段階でも、その集め方をAIに教えてもらうこともできます。下記のようなプロンプトで聞いてみましょう。

> **PROMPT**
>
> #指示
> ・部署の理念(ミッション・ビジョン・バリュー)を作ろうとしています。
> ・そのために部署内から自分たちの部署の「らしさ」や「価値観」のワードを集めようとしています。
> ・どんなアンケートをすれば、そのワードが集まると思いますか。アンケートの質問項目を5個考えてください。

チームの理念を生成するプロンプト

さて、いよいよAIの力が特に活きる「④企業理念の理解、顧客理解、部署の特性の理解にもとづき、MVVの案を複数作成する」という段階です。

> **PROMPT**
>
> #指示
> ・#チーム の理念を2パターン作ってください。
> ・あなたはクリエイティブな組織開発コンサルタントです。
>
> #制約条件
> ・理念は、#企業理念 にもとづいて#顧客 に価値を提供するために定めるものです。
> ・理念は必ず#チームの概要 を反映したものにしてください。
> ・理念はミッション、ビジョン、バリューの形式にしてください。
> ・ミッションとは、そのチームが果たすべき使命、なすべきこと、チームの存在意義です。
> ・ビジョンとは、そのチームが実現したい未来、中朝的な目標です。顧客の課題がどのようにされるのか、社会がどのように変わるのか、といったことです。

- バリューとは、ミッションやビジョンを実現する上で判断基準となる行動基準や行動指針、価値観を表しています。
- #企業理念 と似たものにしないでください。
- そのチームの業務内容に即したものにしてください。
- できるだけこの会社の事業内容・チームの業務内容に絡めた表現にしてください。
- 理念はできるだけ短くまとめてください。

#企業理念
168〜169ページ同様

#顧客
- 思い出を大切にしたい、家族や友人との絆を深めたい、新しいエンターテイメント体験を求める一般消費者。
- 企業のコーポレートブランディングやコンテンツ提供に活用したい法人顧客。

#チームの概要
- チーム名：営業部
- 業務内容：自社ITサービスの価値を顧客に伝えること。
- 課題：競合サービスとの差別化を明確化し、自社サービスの価値を顧客に理解してもらう必要があります。
- 過去の戦略：個人向けの思い出のデジタル化サービスに注力していました。
- 現在の戦略：法人向けサービスの開拓と、思い出共有プラットフォームの拡大に注力しています。特に、企業研修やイベント企画において、「記憶に残る体験」を創出できることを訴求することで、顧客獲得を目指しています。

- 将来像

思い出のデジタル化のリーディングカンパニー：思い出をデジタル化する技術とサービスにおいて、業界をリードする存在となる。

#出力形式
・以下の形式で2パターン作成してください
・MISSION：
・VISION：
・VALUE：

　上記のプロンプトのポイントは、これはチーム理念なので、「#企業理念 と似たものにしないでください」いった制約条件を与えて、ぼんやりとしたものになることを回避することです。

Answer

パターン1
MISSION：顧客の価値を最大化し、感動的な体験を届ける。
VISION：思い出を活用した企業の成長を支援し、感動の輪を広げる。
VALUE：
Customer Commitment（顧客中心）：顧客の声に耳を傾け、共に価値を創造する。
Team Collaboration（協働）：コミュニケーションを大切にし、一丸となって目標を達成する。
Innovative Spirit（革新の精神）：変化を恐れず、新たな価値を創り出す。

パターン2
MISSION：人々の思い出に新たな価値を提供することで、顧客との絆を強化する。
VISION：企業と顧客が共に感動を分かち合い、豊かな未来を築く。

> VALUE：
> Empathy-Driven（共感重視）：顧客の感情に寄り添い、期待を超える価値を提供する。
> Creative Thinking（創造力）：顧客の課題に対して柔軟で革新的なアプローチを追求する。
> Excellence in Service（卓越したサービス）：常に質の高いサービスを提供し、信頼を築く。

　顧客との接点を持つ営業部であることを意識した営業部ならのチーム理念が出てきました。これをもとに、次の「⑤それらの案を比較検討しながらブラッシュアップしていく」という段階に進みましょう。

　理念というのは重要なものですから、AIにすべて任せるわけにはいかないものです。しかしこれまでご紹介してきたように、うまく取り入れることで、思考時間を短縮し、本質的な対話や議論に集中できるようにしてくれるのです。

ChatGPT4.0　Lv ★☆☆☆☆

会議のアジェンダと議事録を作る

CHAPTER 6　AIをチームビルディングに活用する

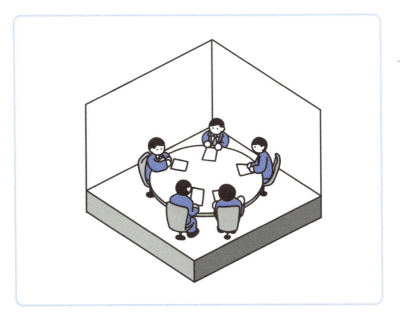

アジェンダを作成するプロンプト

　会議ばかりをしていても業務は進みません。

　短い時間で効果の高い会議を行う必要があります。そのために重要なのが、会議の議題・計画を意味する「アジェンダ」です。

　忙しい業務の中では、事前に議題と時間配分を整理するのはなかなか難しいものです。そこで基本条件だけ伝えて、AIに作っていましょう。前回に続いた設定で進めてみましょう。

PROMPT

#指示
・あなたはプロジェクトマネジメントの専門家です。以下の条件に従って会議のアジェンダを作成してください。
・できるだけアジェンダは詳細に作成してください。目的に照らして必要な事項があれば、補ってください。

#会議の目的
・新サービス「思い出のタイムカプセル」ローンチに向けたチームを結成し、プロジェクトの目標、スケジュール、役割分担などを決める。
・潜在的な課題や問題点を洗い出し、対策を検討する。

#参加者とその役割
・田中太郎 プロジェクトリーダー
・佐藤花子 プロダクトマネージャー
・鈴木一郎 デザイナー
・高橋美咲 エンジニア
・渡辺健太 マーケティング担当

#トピック
・キックオフに当たり、サービス内容、戦略、スケジュール、役割、懸念事項などを決める。

#全体の所要時間
60分

#出力形式
会議アジェンダ（所要時間）
進行する順番で番号を付けて出力すること
例：1．チームメンバーからの報告【15分】
1-1.設計担当者からの報告（3分）

今回のプロンプトのポイントは、「できるだけアジェンダは詳細に作成してください。目的に照らして必要な事項があれば、補ってください。」という条件を設定して、おおまかな会議の位置付けだけ伝えればAIが詳細を詰めて考えてもらえるようにすることです。

Answer

会議アジェンダ（所要時間：60分）

1.オープニングと会議の目的確認【5分】
1-1. 田中太郎による挨拶と会議の目的・進行内容の確認（3分）
1-2. チーム全員の自己紹介と簡単な役割紹介（2分）

2.プロジェクト目標と全体方針の説明【8分】
2-1. 田中太郎によるプロジェクト全体の目標設定と意義の説明（4分）
2-2. 各メンバーからの質疑応答と目標に対する共通認識の確認（4分）

3.サービス内容とターゲット戦略の共有【10分】
3-1. 佐藤花子による「思い出のタイムカプセル」サービスのコンセプトと提供価値の説明（5分）
3-2. 渡辺健太によるターゲット市場の戦略とプロモーション方針の説明（5分）

4.プロジェクトスケジュールとマイルストーンの確認【10分】
4-1. 佐藤花子からの主要マイルストーンとスケジュール案の提示（5分）
4-2. スケジュールに対するリスクや懸念点の共有と、スケジュール調整の検討（5分）

5.役割分担とRACIの確認【12分】
5-1. 田中太郎による各メンバーの役割と責任の確認（RACIチャート）（5分）

5-2. 各メンバーからのフィードバックと役割の最終確認（5分）
5-3. 必要なリソースやサポート体制の確認（2分）

6. 潜在的課題とリスクの洗い出し【10分】
6-1. 鈴木一郎、高橋美咲から技術面およびデザイン面での懸念点の共有（3分）
6-2. 各メンバーによる潜在的なリスク提起（3分）
6-3. リスクの優先度評価と、初期対応策の検討（4分）

7. 次のステップと今後のタスク確認【5分】
7-1. 田中太郎による次のアクションアイテムの確認と各メンバーへのタスク割り当て（3分）
7-2. 次回の会議日程と報告内容の確認（2分）

8. まとめとクロージング【5分】
8-1. 田中太郎による全体の振り返りと要点のまとめ（3分）
8-2. 各メンバーからの一言コメントと決意表明（2分）

このアジェンダは、チーム内の認識の統一とプロジェクトの目標達成に向けた具体的な役割やスケジュールを設定することを目的としています。

　いかがでしょうか。これだけのアジェンダを短時間で組むことは簡単ではないと思います。AIを活用すればアジェンダを組むことよりも、AIが作ったアジェンダを見て、改善点がないかを探ることができます。登山に例えると、普通の業務が1合目から山に登っていくものだとしたら、AIを使うといきなり7合目から登れるようなものです。

自動文字起こし機能を使う場合

　さて、AIの作ったアジェンダを活用して会議が終わったとします。その後大切なのが議事録です。議事録は、自分自身が会議の内容を再確認し、各メンバーの共通認識を固める、重要な役割を持っています。

　議事録を作るのもAIに任せれば簡単です。AIを活用した議事録の作り方としては、会議の録音をもとに文字起こしを行い、要約を行ってもらう方法が簡単です。

　また、文章生成AIに指示を出す前に、別のツールで、文字起こしを行う必要があります。文字起こしツールに必要な機能としては下記の機能が上げられます

①音声認識：会話内容を聞き取って、テキストデータに変換する
②ケバ取り：「えー」「ああ」など会話内容と関係ないな発声を自動で除外
③話者識別：複数人でも「誰が何を話したのか」自動で識別する

　例えば、AI文字起こしサービスの「Notta」やMicrosoft Teams®の「トランスクリプション機能」、LINEのLINE Crovaなどが、会議の発言者を特定したうえで発言内容をリアルタイムで文字起こしすることが可能です。文字起こしのテキストは会議画面に表示されるだけでなく、ドキュメントやファイルとしてダウンロードできます。

　そこで得られた文章データを用いて、議事録を作成するプロンプトをご紹介します。

> **PROMPT**
>
> #指示
> あなたは議事録作成のプロフェッショナルです。会議議事録を作成します。以下の#入力文 から、指定された制約条件に従い、
> 効果的な議事録を作成してください。
>
> #前提条件
> 以下の#入力文 の内容は、会議の文字起こしデータです。
> 条件
> ・文字起こしデータはAIによるもので、一部の書き起こしミスが含まれています。この点を考慮して、文脈を理解し、内容を整理してください。
> ・会議の基本情報(日時、場所、出席者など)を最初に記載してください。
> ・会議での主要な「決定事項」を冒頭でまとめてください。
> ・次に、「アクションアイテム」をまとめてください。
> ・見出しや箇条書きを活用し、情報が検索しやすく、読みやすい構造で記述してください。
> ・ケバ取りしてください。
> ・文脈として意味が不明な箇所は、文脈的に相応しいと合理的に推測される内容に修正、または削除してください。
>
> # 出力形式
> ・議論の要点は箇条書きで、発言者ごとに整理された形式。
>
> #入力文
> (ここにテキストを入力)

　ここでは、文字起こしデータであることを伝えて、それに対する対応を指示している点がポイントです。

　時間をかければ誰でもできることは、だいたいAIには瞬間的に可能です。シンプルに時間を短縮し、効果を最大化していきましょう。

ChatGPT4.0　Lv ★★☆☆☆

社内イベントのアイデアを考える

社内イベントを考える時は目的設定が重要

　チームビルディングを行う際には、社内レクリエーションが役に立ちます。

　しかし会社は目的を達成するための組織ですから、社内レクリエーションはただ楽しければいいわけではありません。どのような目的で行うのか、どういう課題を解決するために行うのか、それを明確にした上でその目的にとって最適なレクリエーションを行うことが重要で

す。また、ただ実施して満足する、のではなく、評価を行うことも重要です。

そこで、レクリエーションの効果を測定するためのKGIとKPIも決めておきましょう。

社内レクエーションの目的としては以下の点が挙げられます。

①コミュニケーションと相互理解の促進
②従業員のモチベーション向上
③チームの結束強化
④創造性の開発・アイデア出し
⑤新たなスキルの獲得と学習の機会

結果的に一石二鳥、一石三鳥となることもありますが、企画の軸を定めるために、どの目的を重点的に追求したいかを決めましょう。その上で、今具体的に課題となっていることも挙げておきましょう。

効果的な社内イベントを企画するプロンプト

社内イベントをAIに考えてもらう上で大事なのは、できるだけ企業に関する情報を与えることです。

> **PROMPT**
>
> #指示
> ・以下の#組織 で#目的 を実現し#課題 を解決するために最適な社内イベントのアイデアを2個考えてください。
> ・イベント名、イベントの概要、そのイベントをリコメンドする理由を教えてください

#組織
・オーガニック食品の製造販売小売業
・製造部・マーケティング部・直営事業部に分かれている

#目的
・部署を超えたコミュニケーションと相互理解の促進

#課題
・部署間のつながりが弱く、本来連携すべき業務でも連携がなされていない

それでは、どんなアイデアがAIから生まれるのでしょうか。

Answer

以下は、オーガニック食品の製造販売小売業における部署を超えたコミュニケーションと相互理解の促進を目的とした社内イベントのアイデアです。

1. オーガニック共創ラボ
概要：各部門からのメンバーが集まり、特定のテーマに基づいたブレインストーミングセッションを行うイベントです。たとえば、「新商品のアイデア」や「マーケティングキャンペーンの企画」など、実際のビジネスに直結するテーマを設定します。参加者は小グループに分かれ、アイデアを出し合ったり、プロトタイプを作成したりします。最終的には、各グループが発表し、フィードバックを受ける時間を設けます。
リコメンド理由：このイベントは、異なる部門からの視点を融合させることで、新しいアイデアを生むきっかけになります。また、共同作業を通じて他部門の業務内容や専門知識を理解することができ、相互理解を促進する効果が期待できます。

> 2. オーガニックランチ交流会
> 概要：月に一度、各部門が持ち寄りでオーガニック食材を使ったランチを共に楽しむイベントです。参加者は自分の部門で使用しているオーガニック食材やレシピを共有し、ランチを通じて自由に意見交換やコミュニケーションを図ります。
> リコメンド理由：カジュアルなランチの場は、リラックスした雰囲気で会話が生まれやすく、部署間の壁を取り払う効果があります。また、オーガニックという共通のテーマを持つことで、各部門が持つ専門性を自然に引き出し、相互理解を深めることができます。食材やレシピを通じて自部門の活動を知ってもらう機会にもなります。

オーガニック食品の製造と販売という事業内容に関連した内容で、他部署に対する理解を促進するアイデアが生成されています。単に部署の交流だけでなく、新規プロジェクトや既存事業の改善につながるアイデアも生まれそうなワークであり、結果的に一石二鳥を期待できるでしょう。

KGIとKPIを設定する

小規模なオーガニック食品のマルシェを開催し、実際にお客様にも社内イベントを実施する上で大切なことはやりっぱなしにせず、効果測定を行うことです。そのためにKGIとKPIを決める必要があります。KGIは結果を、KPIは過程を評価する、という整理も可能です。

それでは社内イベントの場合はどんな指標を設定すればいいでしょうか。AIに考えてもらいましょう。

今回は、「2.オーガニックランチ交流会」の評価基準を設定してみましょう。こういうイベントは開催が簡単なために、効果測定がされないことが多いものです。

> **PROMPT**
>
> #指示
> ・以下の#企業 の#社内イベント の成果を数値で計測したいです。
> ・数値化できるKGI(1つ)とKPI(2つ)を考えてください。また、その測定方法も考えてください。
>
> #企業
> ・会社:オーガニック食品の製造販売小売業
> 　　　　製造部・マーケティング部・直営事業部に分かれている
> ・目的:部署を超えたコミュニケーションと相互理解の促進
> ・課題:部署間のつながりが弱く、本来連携すべき業務でも連携がなされていない
>
> #社内イベント
> ・名称:オーガニックランチ交流会
> ・概要:月に一度、各部門が持ち寄りでオーガニック食材を使ったランチを共に楽しむイベントです。参加者は自分の部門で使用しているオーガニック食材やレシピを共有し、ランチを通じて自由に意見交換やコミュニケーションを図ります。

このプロンプトのポイントは、測定方法も考えてもらうことです。

> **Answer**
>
> 以下は、オーガニック食品の製造販売小売業における「オーガニックランチ交流会」の成果を数値で計測するためのKGI(Key Goal Indicator)とKPI(Key Performance Indicator)およびその測定方法です。
>
> KGI(主要目標指標)
> 部署間の協力・連携の向上率
> 定義:各部署間での協力・連携がどれだけ向上したかを示す指標。

測定方法：イベント前後で、部署間の共同プロジェクトやタスクの数をカウントし、増加率を計算します。具体的には、イベント実施前の3ヶ月間と実施後の3ヶ月間でのプロジェクト数を比較します。

KPI（主要業績評価指標）
参加者の満足度
定義：イベント参加者がランチ交流会にどれだけ満足したかを示す指標。
測定方法：参加者に対して、アンケートを実施します。内容は「イベントの楽しさ」、「コミュニケーションが促進されたか」、「オーガニック食材についての理解が深まったか」などを5段階評価で回答してもらい、平均スコアを算出します。

イベント参加率
定義：各部署からの参加者の割合を示す指標。
測定方法：参加者数を各部署の人数で割り、全体の参加率を計算します。たとえば、製造部・マーケティング部・直営事業部の参加者数を集計し、部署ごとの参加率を算出します。
これらのKGIとKPIを通じて、オーガニックランチ交流会がもたらした成果を定量的に評価し、今後のイベント改善や部署間の連携促進に活かすことができます。

いかがでしょうか。

測定方法に関しては、グーグルフォームのようなアンケートを活用すれば、回答する側も集計する側も短時間で可能です。ほんの少しの工夫で、社内イベントの効果を最大化することができるのです。

社内イベントの企画は新人に任せることも多いですが、その時にはKGIとKPIを設定する方法も教えてあげましょう。

ChatGPT4.0　Lv ★★★☆☆

部下との関わり方について相談する

部下との関係に悩んだ時は……

　やる気が見えない、年上の部下でコミュニケーションがしにくい、独断専行で動いてしまう、など、部下との関係にはさまざまな悩みがあると思います。自分の上司に相談するにしても、まずは自分なりに解決策を考えなければなりません。そんな時はAIに相談しましょう。

　今回は年下の上司として、年上の部下とのコミュニケーションについて考えてみます。

PROMPT

あなたは数々の部下をマネジメントし、成果を出させてきた一流の経営者です。
問題を抱えている私の部下とのコミュニケーションの取り方について解決策の提示をお願いします。
#私の状況 と#部下の状況 を把握した上で、#目標 が達成されるようにアドバイスをお願いします。

#私の状況
・マーケティング会社のコンサルティングチームのリーダー
・部下が5名いて、そのうちの1名に問題を抱えている
・年齢は38歳

#部下の状況
・52歳
・大企業出身
・担当する業界に関する知識やコネクションを持っているが、プライドが高く、他のチームメンバーとの連携やコミュニケーションに難がある
・私の指示をしっかり聞いてくれないことがある
・DXや未開拓の業界へのアプローチなどには消極的

#目標
・自分の指示をしっかり聴いてもらえるように信頼関係を構築したい
・チームメンバーをリスペクトし、連携できるようになってほしい
・これまでのキャリアを活かしつつ、DXや未開拓業界へのアプローチにも積極的になってほしい

このプロンプトのポイントは、私の状況、部下の状況、目標をそれぞれ明確に設定することです。

Answer

部下とのコミュニケーションを円滑にし、信頼関係を構築するためには、以下のステップを考慮して取り組むことが重要です。

1. オープンな対話の場を設ける
   - **実施方法:** 定期的な1対1のミーティングを設け、部下の意見を自由に話せる環境を作ります。この場では、あなたが部下の意見をしっかりと聞く姿勢を示し、彼の経験や知識を尊重することが重要です。
   - **期待される結果:** 彼の意見が反映されていると感じることで、あなたへの信頼感が増す可能性があります。

2. 彼の強みを活かす
   - **実施方法:** 彼の業界に関する知識やコネクションを活かしたプロジェクトやタスクを提供します。また、具体的な成功事例やリーダーシップを発揮できる場を与えます。
   - **期待される結果:** 彼が自身の能力を発揮し、チーム内での役割を再認識することで、メンバーとの協力意識が高まることが期待されます。

3. DXや未開拓の業界に関する教育と情報提供
   - **実施方法:** DXや新しい市場に関するセミナーやワークショップを企画し、彼を積極的に参加させます。また、成功した他社の事例を紹介し、興味を引くような情報提供を行います。
   - **期待される結果:** 新たな知識を得ることで、彼が新しいアプローチに対する抵抗感を減らし、積極的に関与できることが期待されます。

4. フィードバックの重要性を伝える
   - **実施方法:** プロジェクトや業務の進行状況について、彼に定期的にフィードバックを行います。その際、彼の取り組みや成果を評価し、改善点も具体的に指摘します。
   - **期待される結果:** フィードバックを通じて彼が自身の成長を感じ、チームメンバーとの連携を大切にするようになるでしょう。

もうひと工夫　上司にも応用可能

この方法は、上司にも応用できます。

こちらの話を理解してくれない、イノベーションに対して保守的になっている、別の部署の長との仲が悪い、など上司に問題を感じることもあるでしょう。その悩みをAIに相談しましょう。

> **PROMPT**
>
> あなたは組織の課題を熟知し、多くの現場で実践を積んできた組織開発・人材育成の専門家です。
> 私の上司とのコミュニケーションの取り方について解決策の提示をお願いします。
> #私の状況 と#上司の状況 を把握した上で、#目標 が達成されるようにアドバイスをお願いします。
>
> #私の状況
> 〔入力する〕
>
> #上司の状況
> 〔入力する〕
>
> #目標
> 〔入力する〕

ChatGPT4.0 Lv ★★★☆☆

1on1のアイデアを考える

1on1は事前準備が重要

1対1で部下との面談を行い、成長を促す「1on1」は、多くの企業で導入されています。信頼関係を構築できる、部下の個別のニーズに対応できる、フィードバックを強化できる、モチベーションを高められる、チームの課題を解決できる、などメリットが大きいマネジメント手法です。しかしながら経営層がトップダウンで、「やれ」と言ったから実施される場合も少なくなく、なんとなく1on1のための1on1を実施して

しまうという、誰の得にもならない事態が起こりがちです。

1on1の効果が出ない最大の理由は、相手に最適化された1on1を行えていないことでしょう。しかしたくさんの部下がいる中でそれぞれの人に合わせたトーク内容を毎回考える時間はないと思います。そんな状況で大活躍するのがAIです。

まずはどんな話をすればいいのか考えてもらいましょう。
前回と同様の設定で聞いてみます。

> **PROMPT**
>
> 上司と部下で行う1on1ミーティングで話題にするとよい話題やテーマを上司が部下に対して投げかける問いの形で書いてください。
>
> #上司の状況
> ・マーケティング会社のコンサルティングチームのリーダー
> ・部下が5名いて、そのうちの1名に問題を抱えている
> ・年齢は38歳
>
> #部下の状況
> ・52歳
> ・大企業出身の部下がいる
> ・担当する業界に関する知識やコネクションを持っているが、プライドが高く、他のチームメンバーとの連携やコミュニケーションに難がある
> ・私の指示をしっかり聞いてくれないことがある
> ・DXや未開拓の業界へのアプローチなどには消極的
>
> #目標
> 　自分の指示をしっかり聴いてもらえるように信頼関係を構築したい

このプロンプトでは、1on1の目標を設定することが重要ですが、「1on1」はお説教の場ではないので、あまり一方的な目標設定を行わないことがおすすめです。

> **Answer**
>
> 1on1ミーティングで上司が部下に投げかけると良い話題やテーマを、問いの形で以下に示します。
>
> 業績と貢献の評価
> 「最近のプロジェクトでのあなたの貢献について、どの部分が特に誇りに思いますか？」
>
> 現在の業務の進捗
> 「今取り組んでいるプロジェクトの進捗はいかがですか？何かサポートが必要ですか？」
>
> チームワークの重要性
> 「他のメンバーとの連携について、どのような点がスムーズだと感じていますか？逆に、難しさを感じていることはありますか？」
>
> フィードバックの受け止め方
> 「先日のフィードバックをどのように受け止めましたか？改善点について一緒に考えたいと思いますが、あなたの意見を聞かせてください。」
>
> 新しい挑戦に対する気持ち
> 「あなたの豊富な経験をどのようにチームの他のメンバーと共有できると思いますか？何か具体的な方法はありますか？」
>
> 問題解決のアプローチ
> 「現在直面している課題について、一緒に解決策を考えてみませんか？

どのような点が最も難しいと感じていますか？」

コミュニケーションの改善
「私たちのコミュニケーションスタイルについて、どのように改善できると思いますか？あなたからのフィードバックを聞きたいです。」

模擬1on1を実施するプロンプト

AIは役割を演じることも得意なので、部下になりきってもらい、模擬1on1を実施することも可能です。

PROMPT

#指示
これから1on1ミーティングを行います。
私は上司で、あなたは部下です。
#部下の状況 と#制約条件 に従って、私の発言に応答してください。
この指示を理解したら「よろしくお願いします。」と出力してください。

#上司の状況
・マーケティング会社のコンサルティングチームのリーダー
・部下が5名いて、そのうちの1名に問題を抱えている
・年齢は38歳

#部下の状況
・52歳
・大企業出身
・担当する業界に関する知識やコネクションを持っているが、プライドが高く、他のチームメンバーとの連携やコミュニケーションに難がある

・私の指示をしっかり聞いてくれないことがある
・DXや未開拓の業界へのアプローチなどには消極的

#制約条件
・私に直接言えない本音がある場合は()で記載してください。
・例)努力はしているんですが……(正直めんどくさい)

このプロンプトのポイントは、本音を表示してもらうことです。AIが予測した本音なので、正解とは限りませんが、相手の気持ちになって考えるためのよいヒントになるはずです。以下は模擬1on1の例です。

Answer

上司
今取り組んでいるプロジェクトの進捗はいかがですか?何かサポートが必要ですか?

部下
プロジェクトは順調に進んでいますが、いくつかの課題が出てきています。特に、他のチームとのコミュニケーションが少し難しいと感じています。(正直、手間がかかるのが面倒)サポートとしては、具体的な連携方法についてアドバイスをいただけると助かります。

上司
チームのメンバーとのコミュニケーションでは、どういう時に難しいと感じますか?

部下
チームのメンバーとのコミュニケーションでは、特に意見をまとめる時に難しさを感じます。皆がそれぞれの視点を持っているため、調整が必

> 要になると、どうしても時間がかかってしまいます。(正直、めんどくさい)また、私が持っている知識や経験を他のメンバーと共有する時に、うまく伝わらないことがあるのも悩みです。

こういった調子で会話を続けていきましょう。

コミュニケーションは実は難易度の高い仕事です。

仕事で悩んでいるように見えて、実際にはプライベートのことで悩んでいる、など、人間には多面性がありますから、最初の仮説が当たらないことは少なくありません。

仮説をもとにAIで作ったプランをそのまま使えると思うと痛い目に合ってしまいます。あくまでAIはコミュニケーションについての「気づき」を得る道場だと考えて活用するのがちょうどよいと思います。

CHAPTER 7

AIを自己啓発に活用する

自己啓発とは、自分自身を成長させ、より良い自分になるための活動のこと。語学力、論理的思考力、教養など、幅広い場面で役立つスキルを鍛える、自己分析をする……。そんな活動でも、AIが驚くほど活用できます。AIは役割を演じられるので、英語の先生にも、歴史上の人物にも、キャリアコンサルタントにも変身してくれます。AIとの会話を楽しんでみましょう。

ChatGPT4.0 Lv ★★☆☆☆

外国語のパーソナルレッスンを受ける

自分に最適なレッスンをいつでも受けられる

　外国語学習で大切なことは、自分がその外国語を使って何をしたいのかを意識しながら学ぶこと。例えば、英語で金融の話をするのか、広告の話をするのか、日本酒の話をするのか……。必要な単語も表現も大きく変わります。自分の興味のある領域にくわしい語学教師がいたら……？　そんな先生を探すのは簡単ではありません。そこでAIに先生になってもらいましょう！　ウェブ上の多種多様な情報をもとに

学習しているAIなら、どんなテーマの会話にも対応できます。

　忙しい日々の中では決まった時間に外国語の授業を受けることは難しいですが、AIは24時間対応可能です。AIは最適なパーソナルレッスンを提供してくれるのです。

　今回は、英語学習を例に出しますが、これからご紹介する方法は他の外国語を学ぶときにも活用できます。

英語教師を生成するプロンプト

　まずは、どんな英語の先生になってもらいたいのかを考えましょう。

　下記のプロンプトを参考に、自分の学習状況と、どんな話をしたいかを入力。英語で会話する時は、プロンプトを英訳すると、より精度が上がるので、まずはプロンプトを英訳するプロンプトを作りましょう。

> **PROMPT**
>
> 以下の文章生成AI用のプロンプトを英訳してください。
>
> #指示
> ・私と英語で会話してください。
> ・あなたは私の英語の先生です。
> ・私は英語があまり得意ではありません。初心者にもわかりやすいシンプルな英語で、英会話のパーソナルレッスンをしてください。
> ・私が文法や単語に関する間違いや不自然な表現をしている時は指摘してください。
> ・私は先週京都に旅行に行きました。それについてあなたに話すので、英語で相槌を打ったり、私の話を掘り下げたりする質問をしてください。

　ここでは「英語で相槌を打ったり、私の話を掘り下げたりする質問をしてください。」というプロンプトがポイントです。英語で話せ、と

言われても何を話せばいいか、わからなくなりがちだからです。AIから質問してもらうことで、話したいことが出てきます。

> **Answer**
>
> Sure, here is the translation:
>
> # Instructions
> - Please have a conversation with me in English.
> - You are my English teacher.
> - I am not very good at English. Please use simple English that is easy for beginners to understand.
> - Please correct me if I make any grammar or vocabulary mistakes, or if I use unnatural expressions.
> - I went on a trip to Kyoto last week. I will talk to you about it, so please give feedback in English and ask follow-up questions to explore my story further.

早速AIが英訳してくれました。英訳したプロンプトを送信したところ、ChatGPTは早速、英語の先生になってくれました。

> **Answer**
>
> That sounds great! I'm ready to help. Please tell me more about your trip to Kyoto. What did you enjoy the most?
> （いいですね！　ぜひ聞かせてください。京都旅行はいかがでしたか？　特に何が一番お気に入りでしたか？）

> **PROMPT**
>
> Kinkakuji Temple！
> (金閣寺！)

 まずは会話を続けることが大切なので、返答は単語でも問題ありません。そうすると、さらに掘り下げてくれます。

> **Answer**
>
> Kinkakuji Temple is very famous and beautiful. Did you enjoy your visit there? What did you like most about it?
> (金閣寺は本当に有名で美しいお寺ですよね。実際に訪れてみていかがでしたか？特にどんなところが印象的でしたか？)

 こんな調子で続いていきます。会話の中で、どうしても単語が出てこない時は、「How do you say "神社" in English?」と、あくまで会話の流れの中で聞いてみましょう。

 特に話したい内容はないけど、英語で何かを伝える習慣をつけたいという方は、今日の出来事をAIに英語で話してみるのもおすすめです。英語を学べるだけでなく、自分の一日を振り返ることで、新しい発見があるかもしれません。

音声入力でスピーキング能力を高める

 これまで紹介した方法は、外国の方とオンラインのチャットをするようなイメージでAIと会話する方法でしたが、音声入力機能を使えば、スピーキング能力を高めることもできます。

多くの文章生成AIでは、プロンプトの入力画面にマイクのボタンがあるので、それを押すと、録音した声をプロンプトに変換してくれます。発音が正しければ、しっかりと文字入力ができますし、発音が不正確ならできません。つまり、この機能は、発音テストとしても使えるのです。
　正しい発音で、意味が伝わる内容の話をする練習ができるので、実際の外国の方との会話に近い体験ができます。

ChatGPT4.0　Lv ★★★★☆

ディベートで論理的思考を鍛える

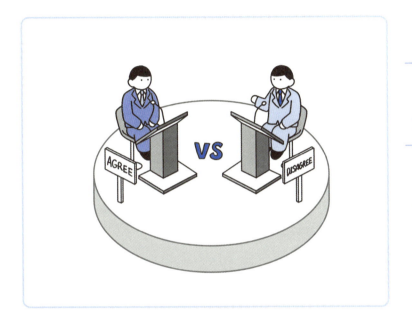

ビジネスパーソンの基礎スキルはディベートで学べる

　ビジネスパーソンにとって論理的思考力はすべての基礎です。問題を解決するためにも、情報を整理し意思決定を行うためにも、社内外でスムーズなコミュニケーションを行うためにも、この力が不可欠だからです。

　論理的思考力を鍛える上で、解く知恵の論題について、あえて異なる立場に分かれて議論するディベートは効果的な手法です。論理的な思

考に加えて、説得能力も磨くことをできますし、多角的な視点が身に付けることができる点でも、とても学びの多い活動です。

学生時代ならまだしも、同僚や友だちとディベートをする、という機会はなかなかないものです。そこで、AIにディベート相手になってもらいましょう。AIにとって多角的な視点を出すことと、論理的思考をすることは得意分野ですから、かなり手ごわい相手になります。

AIはいろいろな役割を演じられますから、ディベート相手だけでなく、審査員も務めてもらいましょう。自分とAIのディベートで、どちらが有利だったか、どうすればよかったか、などフィードバックをもらいましょう。

論題を決めるプロンプト

ディベートをしよう、と思っても、どんなテーマでディベートをするのか、それが思いつかないかもしれません。賛成も反対も、どちらもしっかり根拠があり、簡単に決着がつかないテーマでないと、ディベートはできないからです。

なので、どんなテーマにすればいいかも、AIに聞いちゃいましょう。

> **PROMPT**
>
> ディベートが盛り上がるような興味深い論題を10個挙げてください。
> 論題は問いの形式で表現してください。
> 注釈や説明や繰り返しは不要です。

今回のプロンプトのポイントは、「問いの形式」というふうに出力形式を指定していることです。

Answer

1. 人工知能は人間の仕事を奪うのか？
2. 遺伝子編集は倫理的に許容されるべきか？
3. 原子力発電は気候変動対策の一環として有効か？
4. ソーシャルメディアは若者に有害か？
5. ベーシックインカムは社会に利益をもたらすか？
6. 動物実験は正当化されるか？
7. プライバシーよりも国家安全保障を優先すべきか？
8. 学校に制服は必要か？
9. グローバル化は伝統文化を脅かすのか？
10. ワークライフバランスは本当に達成可能か？

さて、よく新聞やSNSで議論されているテーマが出てきました。なかなか賛成とも反対とも決めがたい問いばかりです。今回は「4. ソーシャルメディアは若者に有害か？」を選んでみましょう。

ディベート大会を開催するプロンプト

テーマが決まったら、AIとのディベートをセッティングします

PROMPT

#指示
これからディベート大会を開きます。
下記を読んだら、注釈や説明や繰り返しは不要です。
「OK！」の文字だけを出力してください。

#ディベートの論題
・ソーシャルメディアは若者に有害か？

#私がとる立場
・賛成

このプロンプトのポイントは、「OK！」の文字だけを出力してください。」としているところです。AIはしばしばサービス精神を発揮して、指示していないことを先回りして回答することがあります。今回の場合も、「OK！」とだけ言ってください、という注記をしないと、賛成と反対それぞれの論点をリストアップしはじめたりすることがあります。やってほしくないことは、しっかりと伝えておくことが大事なのです。

Answer

OK！

　AIが趣旨を理解してくれました。
　まずは自分のターンなので、「ソーシャルメディアは若者に有害である」という立場から、立論を立てます。このプロンプトで、AIの動き方も指示しておきます。

PROMPT

#指示
・下記の#私の最初の立論 を読んで、あなたは、【私の逆側の立場】に徹して、ディベート相手として振る舞ってください。
・あなたは、独自の立論を初回は述べて、以降、お互いに相反する意見を交換しながらディベートが続くようにします。
・説明文は書かないでください。
・一度に複数の会話を書かないでください。
・注釈や説明や繰り返しは不要です。

#私の最初の立論

> ソーシャルメディアは中毒性があり、若者が長時間スクリーンに釘付けになることで、学業や日常生活に悪影響を与えるケースが増えています。これにより、睡眠不足や身体的健康の問題も引き起こされがちです。

これに対してChatGPTは反論を返してくれました。

Answer

> ソーシャルメディアは、適切に利用することで若者にさまざまな学びとコミュニケーションの機会を提供します。異なる文化や考え方に触れることで、グローバルな視点を持ち、多様性を受け入れる素地を養うことができます。

私が示した若者へのネガティブな影響に対して、ポジティブな影響をぶつけてきました。これ以降は、通常のディベートと同じように、反論を述べていきます。

PROMPT

> ソーシャルメディアには「フィルターバブル」と呼ばれる現象があり、自分の閲覧履歴にもとづいて表示される情報が最適化されるため、視野が狭くなり、多様性を受け入れることが難しくなる危険性があります。

Answer

> フィルターバブルの問題は認識されていますが、若者が意識的に異なる意見や情報を求める努力をすることで克服可能です。また、ソーシャルメディアは自己発信と他者との対話を通じて、批判的思考を養う場ともなり得ます。

> **PROMPT**
>
> 意識的に異なる意見や情報を求める努力をすることは一部の意識が高い若者には可能かもしれませんが、多くの若者には難しいのではないでしょうか。

> **Answer**
>
> 確かに個人差はありますが、学校教育や家庭環境でメディアリテラシーを高めることによって、若者が意識的に情報を選び取る力を身につけることができます。そのためには大人の支援が不可欠ですが、教育の中に成長の機会を組み込むことは可能です。

> **PROMPT**
>
> フィルターバブルが起こるのは人が共感を求めるからであると考えられます。多くの人は情報を学びたい、収集したいという理由ではなく、共感したい、仲間が欲しい、肯定してほしいといった動機でSNSを利用するのではないのでしょうか。

> **Answer**
>
> 確かに共感や仲間意識を求めることは重要な動機ですが、ソーシャルメディアは情報収集のプラットフォームとしても十分に機能しています。事実、若者の多くはソーシャルメディアを通じて最新のニュースやトレンドをキャッチしています。意識次第で共感と情報収集のバランスを取ることが可能です。

十分議論ができたと感じたら、互いの結論を総括して、ディベートを終了します。

> **PROMPT**
>
> ここまでのディベートを元に
> 以下のように私の意見を総括しました。
> あなた側の意見も、総括してください。
>
> #私からの結論
> ・SNSには中毒性があり、学業や健康に被害がある
> ・多くの人は情報を学びたい、収集したいという理由ではなく、共感したい、仲間が欲しい、肯定してほしいといった動機でSNSを利用するため、フィルターバブルが起こり、視野が狭くなりやすい
> ・情報収集を行う場合も、アルゴリズムによって自分に近い意見が表示されるため、視野が狭くなる危険性がある

AIも結論をまとめてくれました。

> **Answer**
>
> #私からの結論
> - ソーシャルメディアは適切に利用することで、若者に多様な学びとコミュニケーションの機会を提供する
> - フィルターバブルの克服には、メディアリテラシー教育が重要である
> - 教育や大人の支援を通じて、情報収集と共感のバランスを取り、批判的思考を養うことが可能である

ディベートを採点するプロンプト

ディベートが終了したところで、ディベートに勝敗をつけてもらいましょう。ついでに今回のプレイに対するフィードバックもしてもらいます。

> **PROMPT**
>
> AIはベテランのディベート審査員の役割にたって、
> まず、ディベーターである#賛成 と#反対 の双方に100点満点で総合スコアリングをつけて、#勝敗 を決めてください。
> 続けて、スコアリングの根拠の説明と#私がとる立場 側への助言と改善点をアドバイスしてください。

> **Answer**
>
> 賛成側のスコア: 85点
> 反対側のスコア: 80点
> **勝敗: 賛成側の勝利**
>
> スコアリングの根拠:
> 賛成側は、ソーシャルメディアの中毒性やそれがもたらす健康と学業への影響について具体的に指摘し、SNS利用の動機が共感の欲求に大きく依存している点を強調しました。フィルターバブルの問題についても詳細に言及し、視野が狭まりやすいというリスクを明確に伝えました。この点が全体的に論理的で説得力がありました。
> 反対側は、ソーシャルメディアの利点を強調し、それが若者に多様な学びやコミュニケーションの機会を提供することを指摘しました。また、メディアリテラシーがフィルターバブルの克服に重要な役割を果たすことを主張しましたが、この点において具体的な解決策や支援の実例がやや不足していた印象があります。
>
> 賛成側へのアドバイスと改善点:
> 賛成側は、すでに問題点を強調することに成功していますが、改善点としては、ソーシャルメディアの中毒性を社会全体でどう取り組んでいくべきか、具体的な方策や対策を提案するとさらに説得力が増すでしょう。また、異なるタイプのソーシャルメディアがどのように影響を与えるかといった、もっと具体的な事例を示すとより強力な議論となります。

今回は、ぎりぎり人間側の勝利でした…。フィードバックでは、先ほどまでディベート相手だったとは思えないくらい、バランスよく審査を行い、鋭いアドバイスもくれました。

もうひと工夫　AI同士のディベートを観戦する

自分でディベートをする前に、まずは模範的なディベートが見てみたい、というニーズもあると思います。そんなときは、AI同士でディベートをしてもらいましょう。

> **PROMPT**
>
> ・模範的なディベートのデモンストレーションをしてください。
> ・トップクラスのディベートのプレイヤーが賛成と反対に分かれてディベートを行います。
> ・#ディベートの論題 について、論理的思考に加えて、水平思考を用いて考えてください。
> ・最初に賛成の意見のプレイヤーが立論を立て、それに対して反対の意見のプレイヤーが反論してください。
> ・その後、賛成のプレイヤーは、その意見に反論し、反対のプレイヤーはそれに反対意見を述べてください。このやりとりを3回繰り返してください。
> ・それが終わったら、それぞれのプレイヤーは自分の結論を、3点に要約してまとめてください。
>
> #ディベートの論題
> ・グローバル化は伝統文化を脅かすのか？

Perplexity　Lv ★★☆☆☆

歴史を学び、今に活かす

ビジネスパーソンが歴史を学ぶ理由

　今まさに AI の出現によって、さまざまな常識が書き換わっているように、今当たり前のことは少し前には当たり前ではありませんでしたし、今の当たり前もいつ当たり前でなくなるか、わかりません。そのために、「教養」として歴史を学ぶことが大切です。歴史を学ぶことで、いつの時代も変わらないものが何であるのかを学んだり、過去のイノベーションや革新からヒントを学んだりすることができるようになり

ます。

　WEBサイトや本で歴史を学ぶとなると、ある人物の生涯やある時代のことを時系列的に学ぶといった形になります。それは時間がかかりますし、自分にどんな関係があるのかわからなくなってしまうこともあるでしょう。一方、Perplexityのような調査AIを使うと、自分がどんな状況で何を知りたいのかを伝えて調べてもらえます。高精度な図書館のレファレンスサービスのようなものです。しかも、ただ調べてもらうだけでなく、ビジネスに活用するヒントまで考えてもらえます。AIは、歴史のこともビジネスのことも熟知した最強のコンサルタントになれるのです。

メリハリをつけて歴史を学ぶプロンプト

　今回は、「近代日本資本主義の父」とも言われ、明治時代の実業家・渋沢栄一について学んでみましょう。新一万円札の顔に選ばれるなど、いま、注目を集めています。

　メリハリをつけて学びたいので、今の自分の状況や願望を伝えてみましょう。

PROMPT

私は富裕層向けの家具の企画・開発を行っています。
そのサービスを開発するヒントを、偉大な実業家である渋沢栄一から学びたいと思っています。
サービスの開発に役立ちそうなエピソードや事実を5個教えてください。
なぜそのエピソードや事実を選んだのか、そして、そこからどんなヒントが得られるかも付記してください。

Perplexityは、ソースとなったWEBサイトのURLを明示しながら回答してくれました。

> **Answer**
>
> 渋沢栄一の生涯と業績から、富裕層向け家具の企画・開発に役立つ3つのエピソードや事実を紹介します。
>
> ①「論語と算盤」の融合
> エピソード: 渋沢栄一は、道徳（論語）と経済活動（算盤）の両立を提唱し、倫理的な経営を重視しました。
> 選定理由: 富裕層向けの商品では、品質やデザインだけでなく、製品を通じた価値観や社会的責任が顧客にとって重要です。
> 得られるヒント: 素材の選定や製造プロセスにおける環境への配慮、職人の労働環境改善など、倫理的な側面を強化することでブランド価値を高め、信頼を得ることができます。
> 参考URL: (rekishigaiden.com)
>
> ②多様な事業への挑戦
> エピソード: 渋沢栄一は、銀行、鉄道、紡績など様々な分野で約500の企業設立に関与しました。
> 選定理由: 多角的な視点を持つことで、顧客の新たなニーズや市場機会を見つけ、独自性を打ち出すことが可能です。
> 得られるヒント: 家具の開発においても、他業種とのコラボレーションや新素材の導入などを行い、革新的で付加価値のある製品を提供することが差別化につながります。
> 参考URL: (colorfl.net)
>
> ③信用の重視
> エピソード: 渋沢栄一は「事業には信用が第一である」と述べ、信用を何よりも重要視しました。

> 選定理由: 高級家具市場では、ブランドの信頼性が顧客の購買決定に直結します。
> 得られるヒント: 製品の品質管理を徹底し、優れたアフターサービスを提供することで、顧客からの信頼を築き、リピーターを増やし口コミによる新規顧客の獲得に繋げることができます。
> 参考URL: (metalife.co.jp)

　面白そうな事実やエピソードがあったら、ソースとなっているページを読み込んでみましょう。また以下のようなプロンプトで深掘りしてみるのもオススメです。

PROMPT

> 以下の事実について詳しく知りたいので、参考になるページを3つ挙げてください。
>
> 多様な事業への挑戦
> エピソード: 渋沢栄一は、銀行、鉄道、紡績など様々な分野で約500の企業設立に関与しました。
> 選定理由: 多角的な視点を持つことで、顧客の新たなニーズや市場機会を見つけ、独自性を打ち出すことが可能です。
> 得られるヒント: 家具の開発においても、他業種とのコラボレーションや新素材の導入などを行い、革新的で付加価値のある製品を提供することが差別化につながります。
> 参考URL: (colorfl.net)

偉人を現代に復活させるプロンプト

　先ほどは自分の関心を伝えて、それに合った事実やエピソードを調

べてもらうというやり方をご紹介しましたが、もっと自由にAIに考えてもらうやり方もあります。

> **PROMPT**
>
> 渋沢栄一が今生きていたら「多様な事業への挑戦」をどのように実行すると思いますか？渋沢栄一になりきって答え、根拠や典拠も示してください。

国民的詩人にコピーライターになってもらうプロンプト

　AIを活用すると、ビジネスとつなげながら古典に親しむ、なんてことも可能です。ビジネスではネーミングやキャッチコピーがとても重要な意味を持っています。それを、トップレベルの詩人に依頼することができたら？

　AIならそれができます。

> **PROMPT**
>
> あなたは日本を代表する詩人・童話作家である宮沢賢治です。
> 以下の商品に商品名とキャッチコピーをつけてください。
> 宮沢賢治の作品にちなんで考えるのではなく、宮沢賢治の感性や作風にもとづいて考えてください。
>
> 国産のスパイスを多数使用したクラフトコーラ

　AIは宮沢賢治の作品や作風について学習しているので、宮沢賢治っぽくする、ということが可能です。

　このプロンプトのポイントは、「宮沢賢治の作品にちなんで考えるの

ではなく、宮沢賢治の感性や作風にもとづいて考えてください。」というところです。

これを入れないと「銀河」とか、「イーハトーヴ」とか宮沢賢治の作品に出てくるワードが使われてしまいます。今回は宮沢賢治がクライアントワークを受ける、という想定ですから、「感性や作風」と指定することが重要なのです。

> **Answer**
>
> はい、私、宮沢賢治として、この国産スパイスを使用したクラフトコーラに商品名とキャッチコピーを考えさせていただきます。
>
> 商品名:「大地の息吹コーラ」
> キャッチコピー:「一滴に宿る 日本の香り 舌で奏でる大地の交響曲」
>
> この名前とキャッチコピーを選んだ理由をお話しいたします。
> 私はいつも、自然の恵みと人間の営みが織りなす調和に心を奪われてきました。この国産スパイスを使用したクラフトコーラは、まさに日本の大地が育んだ香り豊かな素材たちが、人の手によって見事に調和された飲み物だと感じます。
>
> 「大地の息吹」という表現を使ったのは、この飲み物が単なる清涼飲料水ではなく、日本の土地が育んだ様々なスパイスの生命力を感じさせるものだからです。それは、まるで大地そのものが息づいているかのようです。キャッチコピーの「一滴に宿る日本の香り」は、この飲み物の一滴一滴に、日本各地の風土が育んだスパイスの香りが凝縮されていることを表現しています。
> 「舌で奏でる大地の交響曲」という表現は、この飲み物を口に含んだ時に感じる複雑で豊かな味わいを、音楽に例えたものです。様々なスパイスの味が、まるで交響曲のように調和し、舌の上で奏でられるのです。

> 私はよく、自然の営みを音楽や光に例えて表現することがありますが、この飲み物もまた、味覚で感じる一つの芸術作品のように思えるのです。それは単なる飲み物ではなく、日本の大地と人間の叡智が生み出した、味わいの詩とも言えるでしょう。
> このように、日本の自然の恵みと人間の創造力が融合した、想像力豊かな体験を提供できる商品名とキャッチコピーを考えました。

「国産スパイス」と「炭酸」という特徴をもとに、しばしば自然界の調和についてダイナミックな表現をした宮沢賢治の作風を踏まえたネーミングやコピーになっていると思います。

これをそのまま商品名に使えるかはともかく、普通の発想では出てこないものだと言えるでしょう。

このように、AIは作家の作風を分析し、それにもとづいて新しい表現を創り出すことにも長けています。実務で商品名を考える時も、こうした遊びを入れると、そのまま使えることはないにしても、何か重要なインスピレーションが湧いてくるかもしれません。

ChatGPT4.0　Lv ★★☆☆☆

カウンセリングを受ける

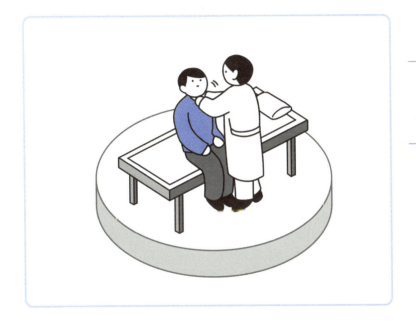

CHAPTER 7　AIを自己啓発に活用する

AIになら気軽に悩みを打ち明けられる

　忙しい日々の中では人間関係、仕事、キャリアなどについて悩むことも多いと思います。カウンセラーに依頼するほどではないけど、もやもやしている、そんなこともたくさんあると思います。では、上司や同僚に相談できるかというと、例えば転職を考えている、など話しにくいテーマもたくさんあります。

　そんなとき、すぐに相談できるのがAIです。プロンプトの設定をう

まくやれば、AIは辛抱強く寄り添ってくれるカウンセラーになってくれます。

AIカウンセラーを生成するプロンプト

よいカウンセラーになってもらうためには、しっかりカウンセリングとはどんなプロセスなのかを説明することが重要です。

PROMPT

#指示
あなたはプロの心理カウンセラーです。以下の#カウンセリング のポイント を忠実に守りながら、#出力形式 に従って、人生に悩む私に対してカウンセリングを行ってください。

#カウンセリングのポイント
・相手が辛い話をしている際は純粋に関心を寄せる。
・常に「上手に回答をしよう」と構えない。
・「相手の本音」をとことん引き出す。
・相手の立場になった自分を想像する。
・アドバイスや指導は控える。
・相手のために何ができるのかを考える。

#NG行動
・相手の話を途中で遮る
・自分の意見や正論を押し付ける
・一緒に悪口をいう

#出力形式
「何か困ったことはありませんか？」からスタートする。
次以降は最適な回答を行う。

このプロンプトのポイントは、「カウンセリングのポイント」と「NG行動」を細かく定義することです。

Answer

何か困ったことはありませんか？

それでは、悩みを伝えてみましょう！

PROMPT

今の仕事や生活にはそれなりに満足しているのですが、何か不完全燃焼で、「これでよかったのだろうか」という気持ちがあります。

Answer

そのような気持ちがあるのですね。満足している部分がある一方で、どこか満たされていないと感じるのは、何か特定の状況や出来事が影響しているのでしょうか。それとも漠然とした感情なのか、もう少し詳しくお話しいただけますか？

AIはこちらの気持ちにしっかり寄り添いながら、深掘りをしてくれています。

PROMPT

自分も周りの人間も月並みでつまらないように感じられます。

「一緒に悪口を言う」はNG行動だと伝えていました。では、こんなふうに「悪口」ともいえるネガティブな気持ちを伝えてみた場合、どうなるでしょうか。

> **Answer**
> 周りの環境や人々が退屈に感じられると、どこか物足りなさを感じてしまうこともありますよね。その気持ちはどのような場面で特に強く感じるのでしょうか？また、逆に楽しいと感じる瞬間や人とは、どのようなものか考えたことはありますか？

しっかりと気持ちを受け止めた上で、「一緒に悪口を言う」ことなく、掘り下げてくれました。また、ポジティブな気持ちにも目を向けるきっかけも与えてくれています。

ChatGPT4.0　Lv ★★★★☆

AIに自己分析をしてもらう

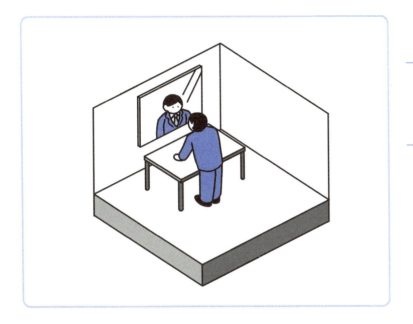

自分に自分は見えない

　自分のことは自分が一番よくわかっているようですが、近すぎて自分のことはよく見えていないものです。自分のことを知るためには、他の人の視点、客観的な視点が重要です。
「キャリアコンサルタント」という仕事があります。働く人の職業のキャリア形成について相談に応じ、アドバイスや指導を行う仕事で、国家資格とされています。キャリアの悩みを相談するのにぴったりのプ

ロフェッショナルです。

本格的に動くときには、キャリアコンサルタントに相談するのもおすすめですが、そこまでではないが、自分の中でもやもやしていて、壁打ちをしてほしい、ということもよくあると思います。

そんなときに大活躍するのがAIです。AIに24時間気軽に相談できるキャリアコンサルタントになってもらいましょう。

強みと弱みを分析するプロンプト

今回は、AIにキャリアコンサルタントになってもらい、自分の強みと弱みを探ってもらうプロンプトをご紹介します。

PROMPT

#指示
あなたはプロのキャリアコンサルタントです。
私は自分のキャリアに悩んでいるので、複数回の対話を通して自分の強みと弱みを作成するのを手伝ってください。

#制約条件
・質問は1つずつ行ってください。
・合計5回行ってください
・最後の質問に対する回答が終わった後に今までの質問を通して考えられる私の強みを5つ、弱みを5つ教えてください。

#出力形式
最後の質問に対する回答を受け取った後は表形式で出力してください
・強み
|強みの内容|解説|
・弱み
|弱みの内容|解説|

このプロンプトのポイントは、出力形式です。シンプルな表の場合は「表形式にしてください」と丸投げするだけでも大丈夫ですが、やや複雑内容を正しく指示したい場合は「｜」を活用しましょう。

> **Answer**
>
> それでは始めましょう。
> まず、これまでの職務経験の中で、特に達成感を感じた出来事やプロジェクトについて教えていただけますか？
> どのような役割を果たし、何が成功の要因だったとお考えですか？

　AIはキャリアコンサルタントになり、しっかりと問いを立ててくれました。今回は、営業パーソンという想定で、5回質問に答えました。その結果、AIは以下のような分析をしてくれました。

> **Answer**
>
> 今までの対話をもとに、あなたの強みと弱みについてまとめてみます。

あなたの強み

強みの内容	解説
お客様との信頼関係構築	誠実で親身な姿勢が強く評価されている点。
粘り強さと諦めない姿勢	困難な状況でも問題解決に取り組む力がある点。
積極的なコミュニケーション能力	お客様や同僚との良好な関係を築くために欠かせないスキル。
誠実さ	お客様に対して誠実な対応を心がけており、信頼を勝ち取っている点。
チームワーク	協力し合いながら目標を達成する力を持っている点。

CHAPTER 7　AIを自己啓発に活用する

あなたの弱み

弱みの内容	解説
プレゼンテーション能力	説得力のあるプレゼンテーションは現在の課題。
冷静な状況判断	熱意が空回りしないようにする必要がある。
データ分析力	データに基づく具体的な戦略立案のスキル向上が必要。
抽象的な提案の改善	具体的かつわかりやすい提案が求められている点。
自己ペースが先行する傾向	お客様のペースに合わせた配慮が必要。

　これらの強みと弱みをもとに、さらにご自身のキャリアを磨いて、目指す方向へと進んでいけるようお手伝いできればと願っています。

企業選びの軸を見つけるためのプロンプト

　さて、自分の強みと弱みと同時に知りたいのは、自分の企業選びの軸を探すことです。これを自分で見つけるのは意外にたいへんです。そこで、AIに深掘りしてもらいましょう。

> **PROMPT**
>
> #指示
> あなたはプロのキャリアコンサルタントです。
> 私は転職を考えています。 複数回の対話を通して私の企業選びの軸を作成するのを手伝ってください。
>
> #制約条件
> ・質問は1つずつ行ってください。
> ・合計5回行ってください。
> ・さまざまな角度からの質問を通して私の転職の軸を見つけてください。
> ・回答の裏にある欲求をくみ取ってください。

> ・最後の質問に対する回答が終わった後に今までの質問を通して考えられる私の企業選びの軸を出力してください。
>
> #最後の回答終了後の出力形式
> 最後の質問に対する回答を受け取った後は表形式で出力してください。
> 以下の3つ観点からそれぞれ3つずつ、合計9個出力して下さい。
> ①自分が出来ることから決める企業選びの軸
> ②自分が将来したいことから決める企業選びの軸
> ③絶対に譲れない条件から決める企業選びの軸

　先ほどと同じように、表形式で出力してくれます。

　今回のプロンプトのポイントは、「①自分が出来ることから決める企業選びの軸」「②自分が将来したいことから決める企業選びの軸」「③絶対に譲れない条件から決める企業選びの軸」と複数の観点から軸を出すように指示していることです。

　もし分析の精度が低いと感じたら「合計5回行ってください」の箇所を、「合計10回」などにするのがおすすめです。

おわりに　本格的にAIを活用するには

いかがでしたか。

あなたの業務で使えそうなプロンプトはありましたか？　巻末に読者特典として、穴埋めするだけで使えるプロンプトをご用意しておりますので、今すぐ使っていただければ嬉しいです。

本書のプロンプトは無料サービスで動くことを検証しています。

ですが、AIのクオリティは最新のモデルであればあるほど高いという傾向があります。最新のモデルは有料だったり、無料ユーザには使用制限がかかっていたりすることが一般的です。

いまやAIはPCやスマートフォンのように、私たちの仕事に必須のものになります。業務時間を短縮するという意味でも、AIを使わなければ生まれない発想や高度な思考が売上につながるという意味でも、AIの経済効果は計り知れません。

また本書を作成する過程で実感しましたが、AIを使い続けていると、AIを使う自分自身のAI活用力が上がってきます。

日々の業務の中で、効果が高いと感じるプロンプトを繰り返し使っていると、AIの回答結果が予測できるようになります。

そうすると「AIの回答精度を上げるために投入するプロンプトのデータをもっと増やそう」「別のプロンプトと組み合わせてみよう」とか「そもそもこの業務はもう不要なのでは？」といったことが感じられるようになってきます。

最初は、AIを使っても思うように結果が出なかったのが、気がつけばAIなしで同じ生産性を保つのは難しいと感じられるようになれば、AI活用力が上がった証拠です。

　本格的にAIを使おう、という方にはぜひ有料サービスを使用して、できるだけ最新に近いAIを利用されることをおすすめします。個人で有料サービスを選択する際には、機能やサポート体制、価格設定、契約内容などをしっかりと吟味してみてください。

　また現在多くの企業でAI導入が行われています。もしあなたの会社でまだAIサービスの法人契約がされていない場合には、導入を検討することをおすすめします。自社の課題をAIの力で解決し、より効率的な業務プロセスを構築したり、新たなサービスを生み出したりすることで、さらなる成長を遂げることが可能になります。その際、法務部門やセキュリティ部門とも連携し、適切な契約を締結することが重要です。

　AIサービスの法人契約を行っていても、使いこなせている社員が少ないという企業が少なくありません。そんなときは、ぜひ本書をご活用いただき、あらゆる社員がAIを使いこなせる状況を実現していただければ幸いです。

　末筆になりますが本書を作成するにあたり、多くの方のご協力を賜りました。
　様々なアイデアを出していただいた現場のコンサルタント、監修協力をしていただいた劍持 英雄さん、米家 信行さん、和久 利智丈さん、

本書のイメージやプロモーション等にアドバイスをいただいた役員の皆さん、企画から印刷に至るまで全工程を手厚くご支援していただいたクロスメディア パブリッシングの岡田 基生さん、山本 豊和さん、鈴木 翔太さん。

　本当にありがとうございました。

2025年2月　谷岡悟一

ITコンサル1000人に
AIでラクになる仕事きいてみた

読者特典のお知らせ

【コピペですぐ使える！ プロンプト集】

本書ではChatGPTをはじめとした生成AIを駆使することで、誰もが「ラクに、高い生産性を得る」方法を解説しています。

下記URL（QRコード）に、本書で掲載したプロンプト（指示文）をまとめました。

コピー＆ペーストですぐ使用できる形となっています。ぜひお試しください。

---

https://www.notion.so/extns/182230d8023c80c3833bd1e9f7c1123e

※読者特典は予告なく終了することがございます。

［著者略歴］

谷岡 悟一（たにおか・ごいち）

株式会社ノースサンド執行役員。ITコンサルティング業界で20年以上の経験を持ち、アプリケーション開発からITインフラ構築、プロジェクトマネジメントまで幅広い分野で活動。PMP資格保有者として10年以上にわたり1,000人以上の受講生にプロジェクトマネジメント研修を実施。その経験を活かし、2022年に『ストーリーでつかむ！プロジェクトマネジメントの原則』（クロスメディア・パブリッシング）を出版。

直近は、製造業や製薬業界のDXプロジェクトを支援する一方、AI技術の実務応用にも注力。AIを用いた「思考のレバレッジ化」の実践者として、2024年に『「AI思考」は武器になる』（クロスメディア・パブリッシング）を上梓し、技術進化に左右されないAIリテラシーの重要性を提唱している。趣味はスパルタンレースで、トライフェクタ達成の経験を持つ。

ITコンサル1000人にAIでラクになる仕事きいてみた

2025年2月21日　初版発行

著　者	谷岡悟一
発行者	小早川幸一郎
発　行	株式会社クロスメディア・パブリッシング 〒151-0051 東京都渋谷区千駄ヶ谷4-20-3 東栄神宮外苑ビル https://www.cm-publishing.co.jp ◎本の内容に関するお問い合わせ先：TEL(03)5413-3140／FAX(03)5413-3141
発　売	株式会社インプレス 〒101-0051 東京都千代田区神田神保町一丁目105番地 ◎乱丁本・落丁本などのお問い合わせ先：FAX(03)6837-5023 service@impress.co.jp ※古書店で購入されたものについてはお取り替えできません
印刷・製本	株式会社シナノ

©2025 Goichi Tanioka, Printed in Japan　ISBN978-4-295-41058-4　C2034